河北传统村落

河/北/省/社/会/科/学/普/及/丛/书

河北传统村落

贾安强　编著

河北大学出版社
·保定·

出 版 人：刘相美
责任编辑：徐延风
装帧设计：赵　谦
责任校对：刘景坤
责任印制：常　凯

图书在版编目（CIP）数据

河北传统村落 / 贾安强编著 . -- 保定 : 河北大学出版社，2024.10. --（河北省社会科学普及丛书）.
ISBN 978-7-5666-2302-7
Ⅰ . K922.2
中国国家版本馆 CIP 数据核字第 2024VJ9780 号

出版发行：河北大学出版社
地址：河北省保定市七一东路2666号　邮编：071000
电话：0312-5073003　0312-5073029
网址：www.hbdxcbs.com
邮箱：hbdxcbs@163.com
印　　刷：石家庄联创博美印刷有限公司
幅面尺寸：170 mm × 240 mm
字　　数：240千字
印　　张：19.5
版　　次：2024年10月第1版
印　　次：2024年10月第1次印刷
书　　号：ISBN 978-7-5666-2302-7
定　　价：86.00 元

如发现印装质量问题，影响阅读，请与本社联系。
电话：0312-5073023

前言

当我们翻开历史的长卷，探寻人类文明的发展轨迹时，传统村落无疑是其中璀璨夺目的篇章。河北，这片古老而神奇的土地，承载着数千年的华夏文明。这里散落着众多传统村落，它们犹如繁星点点，点缀在燕赵大地的各个角落。这些村落，既是人们世代生活的家园，更是岁月沉淀的珍贵记忆，承载着中华民族传统文化的深厚底蕴。编著这本关于河北传统村落的图书，乃是对这片土地深厚历史与丰富文化的一次致敬，也是对传统村落保护与传承事业的一份担当。

传统村落，作为人类文明的瑰宝，承载着丰富的历史、文化、艺术和科学价值。它们是社会发展的见证者，记录了不同历史时期的政治、经济、文化等方面的变迁。在河北，传统村落的形成可以追溯到久远的古代，有的村落因军事防御而建，有的因商贸交流而兴，有的则依托于独特的自然资源和地理环境得以发展。这些村落的布局、建筑风格、街巷格局，以及与周边自然环境的完美融合，无不体现了古人的智慧和审美情趣。

以学术的视角审视河北的传统村落，我们会发现它们宛如一部部生动的史书。从村落的选址规划，我们可以看到古人对自然环境的尊重和利用，遵循着“天人合一”的哲学理念；从建筑的形制和结构，我们能够解读出不同历史时期的建筑技术和工艺水平；从民俗文化和传统技艺的传承中，我们可以感受到民间智慧的博大精深。每一个传统村落都有其独特的文化基因，这些基因在岁月的洗礼中得以传承和延续，成为当地居民的精神支柱和情感纽带。

然而，在现代化进程的冲击下，河北的传统村落正面临着诸多严峻挑战。随着城市化的快速推进，大量农村人口涌入城市，导致村落出现空心化现象；现代建筑材料和技术的广泛应用，使得传统建筑的特色逐渐消失；传统文化的传承也出现了断层，许多古老的技艺和民俗面临失传的危险。这些问题的存在，使得传统村落的保护与传承变得迫在眉睫。

为了深入研究和展现河北传统村落的魅力，我们团队秉持着严谨的学术态度，踏上了漫长而艰辛的探索之旅。我们走访了一个又一个村落，与当地居民交流，倾听他们的故事和心声；我们查阅了大量的地方志和历史文献，力求还原每一个村落的历史原貌；我们邀请了众多专家学者进行论证，以确保研究的科学性和权威性。

在这个过程中，我们深刻地感受到河北传统村落的多样性和复杂性。有的村落以其精美的明清古建筑群而闻名，如蔚县的上苏庄，那飞檐斗拱、雕梁画栋的建筑展现了古代工匠的高超技艺；有的村落因其独特的民俗文化而独具魅力，像井陉的拉花、蔚县的打树花等，这些民俗活动不仅丰富了村民的生活，更是地域文化的重要标识；还有的村落因其在历史上的重要地位而备受关注，比如鸡鸣驿，它见证了朝代的更迭和文化的交融。

通过对这些传统村落的研究，我们发现它们之间存在着千丝万缕的联系。一方面，它们共同构成了河北地域文化的整体风貌，体现了燕赵文化的豪迈与雄浑；另一方面，它们又各自有着鲜明的特色，反映了不同地区的自然环境、人文历史和社会经济发展状况。这种多样性和统一性的结合，正是河北传统村落的魅力所在。

同时，我们也意识到，传统村落的保护不能仅仅停留在对建筑和文物的保护上，更重要的是要关注村落的活态传承，即对传统文化、民俗风情、生活方式等非物质文化遗产的保护和传承。只有让传统村落“活”起来，让村民们在传承和发展中真正受益，才能实现传统村落的可持续发展。

在本书中，我们试图以全面、系统的方式呈现河北传统村落的风貌。我们从村落概况、选址格局、物质文化遗产、非物质文化遗产等方面介绍传统村落。希望通过我们的努力，能够为读者呈现一个真实、立体、生动的河北传统村落画卷，让更多的人了解和关注这些宝贵的文化遗产。

我们深知，传统村落的保护与传承是一项长期而艰巨的任务，需要全社会的共同努力。政府部门应加强政策支持和资金投入，制定科学合理的保护规划；学者和专家要深入研究，为保护工作提供理论支持和技术指导；当地居民要增强保护意识，积极参与到村落的保护与发展中来；社会各界也应给予关注和支持，共同为传统村落的未来贡献力量。

最后，我们希望这本书能够成为一个契机，引发更多人对河北传统村落的关注和思考，激发大家对传统文化的热爱和传承意识。让我们携手共进，共同守护好这些承载着历史记忆和民族情感的传统村落，让它们在新时代焕发出新的生机与活力，为中华民族伟大复兴增添绚丽的色彩。

目录

邯郸市

014 邯郸市武安市伯延镇伯延村
026 邯郸市武安市冶陶镇冶陶村
044 邯郸市武安市冶陶镇安子岭村
050 邯郸市武安市马家庄乡没口峪村
056 邯郸市武安市管陶乡万谷城村
064 邯郸市武安市管陶乡朝阳沟村
074 邯郸市峰峰矿区彭城镇张家楼村
086 邯郸市峰峰矿区界城镇老鸦峪村
092 邯郸市峰峰矿区义井镇王三村
100 邯郸市磁县都党乡同义村
108 邯郸市磁县贾壁乡北贾壁村

石家庄市

126 石家庄市井陉县天长镇宋古城村
148 石家庄市井陉县秀林镇南横口村

张家口市

162 张家口市怀来县鸡鸣驿乡鸡鸣驿村
176 张家口市蔚县南留庄镇南留庄村
186 张家口市蔚县南留庄镇水东堡村
196 张家口市蔚县南留庄镇水西堡村
206 张家口市蔚县南留庄镇白后堡村
220 张家口市蔚县暖泉镇北官堡村
232 张家口市蔚县暖泉镇西古堡村
254 张家口市蔚县涌泉庄乡北方城村
266 张家口市蔚县宋家庄镇宋家庄村
280 张家口市蔚县宋家庄镇上苏庄村
298 张家口市阳原县浮图讲乡开阳村

后记

邯郸武灵丛台古城楼

邯郸市武安市伯延镇伯延村

一、村落概况

（一）基本情况

伯延村（图1）位于武安市南10公里处，这里保存着150余处清末建筑。这些古民居成群连片、规模宏大、工艺精湛，是冀南地区

保存较为完整的清末民初建筑群。

截至2020年底，伯延村常住人口有3960人，主要居住民族为汉族。伯延村主要种植的农作物有花椒、大枣、核桃、柿子等。伯延村2012年12月17日被列入第一批中国传统村落名录，2013年被评为河北省历史文化名镇，2014年被评为第六批中国历史文化名镇，2022年入选为河北省乡村旅游重点村。

［图1］伯延村

（二）村落沿革

伯延村建于北宋元祐年间，因村形如大雁，故名“伯雁”，后将“雁”写作“延”，村名沿用至今。伯延建村之初，仅几户人家迁居于此，垦田稼穑，之后人丁陆续迁入并繁衍生息。明、清时期逐步发展成为商贸集镇，成为武安八大镇之一。清乾隆年间，富有探索求新精神的伯延人大批外出经商，出现了以徐、房两大姓氏为代表的富商巨贾，他们的药材店铺广布于关东大地，绸缎生意遍及江南水乡。伯延商帮是武安商帮重要的代表，曾一度支撑着武安商贸的半壁江山，形成了著名的武安商帮文化。

抗日战争时期，刘伯承、邓小平等率部带领人民群众在这里进行抗日斗争；解放战争时期，高树勋与刘伯承曾在这里会晤，揭开了著名的“邯郸起义”序幕。1961年5月，周恩来总理曾亲临伯延视察，影响了中国农村的发展进程。

二、选址格局

伯延村位于武安盆地南部，南依鼓山，北临南洺河。村庄南部有岳峰渠东西向穿过，磁武公路则在村庄北部穿村而过。

三、物质文化遗产

（一）传统民居

伯延民居的平面布局均为狭长四合院。多数院落东西宽15米至17米，南北长因进数的不同从20米到70米不等。一般以北屋为上房，情况不允许时也有以西屋为上房的（如先进街徐家二兄弟院）。房屋左右对称，有明显的轴线，中间是上房，左右是厢房，东厢房略高于西厢房，主次关系明确。宅院一般是正面临街，侧面临巷，大门开向街道，侧面开小角门与小巷连通。多进院落时，庭院与庭院之间通过位于中轴线上的门或堂屋连通，空间收放自由，变化丰富，序列感强。大的宅院通常沿中轴线方向由几进院落组成，一般为二进院或三进院，呈“日”或“目”字形，最多的可达四进院落，适合一个家族共同居住。几进院落仍不能满足居住需求的，通常由多个多进院落通过巷道联系在一起，形成一个大的院落群。院落群构成的方式主要有两种：一种是串联式，如一条东西向的巷道，北边并列两三座院落，院落中间开门；或是一条南北向的巷道，西侧连接两座院落，每座院落在东南方向开门与巷道相通。另外一种是并列式，即中间一条南北走向的巷道，两边对称分布几座院落，门向中间巷道开，巷道尽头为联通东西两排合院的倒座房，其正对巷道的山墙建有影壁（房家院落群则是其中最典型的代表）。

1. 徐家大院

徐家大院（图2）创建于清末民初。大院原有房屋九十余间，结构严谨，布局合理。大院坐北朝南，以南北向为中轴线，东西厢房建筑对称排列，四进四合院从南到北顺序排列，采取门户贯通、九门相照的格局。东侧有偏院两座，为仆人、长工、牲口共处的大杂院。大杂院的左侧为4米宽的过道，过道门口同宅院大门并列，大杂院和四合院的旁门与过道相通。自第一进院落开始，各院地基逐级升高。除第四进院东、西、北房为两层外，其他房屋都为一层。大院建筑结构一般为砖木结构，只有部分地方以木结构构成骨架，木构件的交接部位一般采用楔头连接。

2. 房家大院

房家大院（图3）位于徐家大院的东南，是城堡式建筑。房家大院始建于清末民初。大院南北长约100米，东西宽约80米，二十

[图2] 徐家大院

余座院落，五百余间房屋。一条南北走向的“西大房家过道”和两条东西走向的“北房家过道”“南房家过道”，把房家院落分为“品”字形三片。以西大房家过道为界，街道以西是西宅区。北房家过道两侧是老宅区，南房家过道一侧是书斋区。西大房家过道的南端和北端，建有两个高大门楼，俗称南大门和北大门，两门之间有一节孝牌坊。不管哪个大院的人，只要进出，就得经

[图3] 房家大院

［图4］蔡元培为房锦云亲笔题字的“育我菁莪”匾额

过西大房家过道。

房家大院有一块匾额，上书“育我菁莪”（图4）。这是由曾任北京大学校长的蔡元培亲笔题写，赠予伯延镇开明士绅房锦云的。当时，北京大学因修建教学楼资金不足而被迫停工，房锦云得知后慷慨捐资，不仅解决了资金缺口，还修缮了中国大学的第一座宿舍。为感念房家的善举，蔡元培于1918年亲笔题字“育我菁莪”，赠予房家。如今，这幅题字几经辗转，已被安放在伯延小学的正墙上。

3. 翟举人宅院

翟举人宅院（图5）位于伯延胜利街中部，是民国时期的建筑。宅院由两个院子组成，两院之间通过一个月洞门相连。月洞门（图6）由八块券石构成，上方有一块石制匾额，上面刻有“荷天麻”三个字。月洞门的高度为1.9米，宽度为1.4米，墙体总高3.6米，目前保存基本完整。

[图5] 翟举人宅院

[图6] 月洞门

（二）公共建筑

1. 伯延胡爷庙

伯延胡爷庙（图7）面阔6米，进深4米，高4.7米。殿后墙有一券洞，里面塑胡爷像。券洞高2.5米，宽2.5米。

2. 伯延丁字阁

伯延丁字阁（图8）为南北通巷，门洞里一侧墙中间向东开

［图7］伯延胡爷庙

［图8］伯延丁字阁

口，形成“丁”字形，故称丁字阁。阁为砖砌，内有门杠石。阁南北长7.2米，东西宽8.9米。券洞高2.7米，宽3米。

3. 伯延黑阁

伯延黑阁（图9）为东西走向的过街券道。因里面光线很差，老百姓称之为“黑阁”。券洞下部是五层条石，上为砖券，券拱为二伏二券。券洞上方没有匾额，亦无碑刻。阁东西长12.35米。券

[图9] 伯延黑阁

[图10] 伯延关帝庙

洞宽2.6米，高3米。

4.伯延关帝庙

伯延关帝庙（图10）坐东朝西，为砖木结构，单檐硬山布瓦顶建筑，面阔一间，进深一间。里面现存碑刻六通，嵌于庙内墙壁，均为长方形卧碑，分别立于明崇祯和清雍正、道光、光绪年间。该庙与其他关帝庙不同，内塑骑马关爷像，塑像旁边有一马童牵马。

此庙遗址保存完整，近年重修过。

5. 建设街北关帝庙

建设街北关帝庙坐东朝西，面阔一间，进深一间，近年重修过。庙内存碑一通，碑高0.3米，宽0.42米，嵌于殿内墙壁上。这是一块长方形卧碑，碑文记述了塑关帝像时的情况及捐资人名单，碑的年款为清康熙七年（1668年）。

6. 建设街南关帝庙

建设街南关帝庙坐东朝西，面阔一间，进深一间，近年重修过。庙内存清康熙七年碑一通，高0.3米，宽0.42米。

7. 伯延玉皇庙

伯延玉皇庙坐北朝南，一进院落，由山门、正殿和东西配殿组成。正殿面阔三间，进深一间，为硬山式建筑，近年重修过，内供玉皇大帝。正殿东侧另起平顶小厦，内供财神。东配殿为后世建筑，平顶四间。西配殿已不存，近年建起平顶水泥房两间，存碑两通。

8. 伯延菩萨奶奶庙

伯延菩萨奶奶庙由山门、院墙、菩萨殿和奶奶殿组成。西为菩萨殿，东为奶奶殿。奶奶殿总面阔8.6米，进深4.1米，高3.5米，内存碑三通。

（三）历史环境

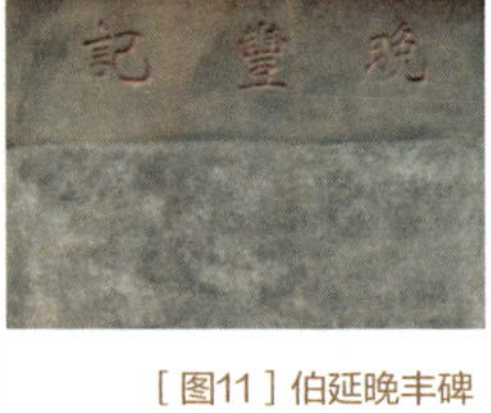

[图11] 伯延晚丰碑

1. 伯延晚丰碑

伯延晚丰碑（图11）镶嵌于伯延小学院墙内，为清同治六年（1867年）的碑。该碑采用青石料制作，为长方形卧碑（长1.1米，宽0.49米）。碑文主要记述了清同治六年大旱，立秋节气前十三天才落雨以及农民因下雨而欢天喜地的情景。

2. 大、小石拱桥

村北侧大石拱桥长约30米，宽约5米，桥体框架保存完好，桥洞基本被泥土填满。南侧小石拱桥长约15米，宽约5米，桥洞也基本被土填满。

四、非物质文化遗产

伯延村有武安平调、武安落子、武安傩戏等传统戏剧，有骈山黄河灯阵、土山诚会、琅矿活帷子等民俗文化活动，还有伯延特色的民间建筑艺术文化。

武安平调、武安落子产生于明末清初，是武安独有的两个地方稀有剧种，两个剧种同团同台演出被誉为“两开箱”，在全国罕见。2006年，武安平调、武安落子被列入国家级非物质文化遗产名录。民国后期至新中国成立前期这段时间，武安平调、武安落子的发展达到了鼎盛时期。伯延村还有武安平调、武安落子剧团，现在仍坚持演出，为地方戏的传承发展作出了贡献。

邯郸市武安市冶陶镇冶陶村

一、村落概况

（一）基本情况

冶陶村（图1）位于武安市西南部30公里处，东与固义村接壤，西与涉县龙虎村为邻，南与安子岭村相接，北与三王村达界。村内有315户，5873人。村域面积为843公顷，村庄占地面积为133公顷。主要农作物有小麦、玉米、谷子、棉花、花椒、苹果、核桃、黑枣等。2012年12月17日，冶陶村被列入第一批中国传统村落名录。

（二）村落沿革

冶陶村相传唐代建村。旧时武（安）涉（县）马路从村中穿

过，西通秦晋，东达齐鲁，交通便捷。明清时期，这里就有“日出三竿，商贾云集”之盛景。民国时期，冶陶已发展成为武安八大镇之一。1946年6月至1948年5月，解放战争时期晋冀鲁豫中央局、军区、边区政府等在此驻地。

二、选址格局

村庄依山傍水、群山环绕，北靠太行山脉，南邻龙虎河，布局极为讲究。村落地形为缓山坡，村落形态呈曲带式（图2）。村庄西北高，东南低。村庄中部、南部各有一坑塘，雨水顺势均汇集于这两个坑塘内。村庄布局因北部309国道和南部龙虎河的限制，呈斜四边形。冶陶村是一个典型的防御性村庄。村内各户院落均有直通他家的暗门，附近山上建有防空洞和瞭望哨所，防空洞可直通村内。村庄各个出入口均建有防御性阁楼，且出入口的房屋都设有炮眼和枪眼。

[图1] 冶陶村

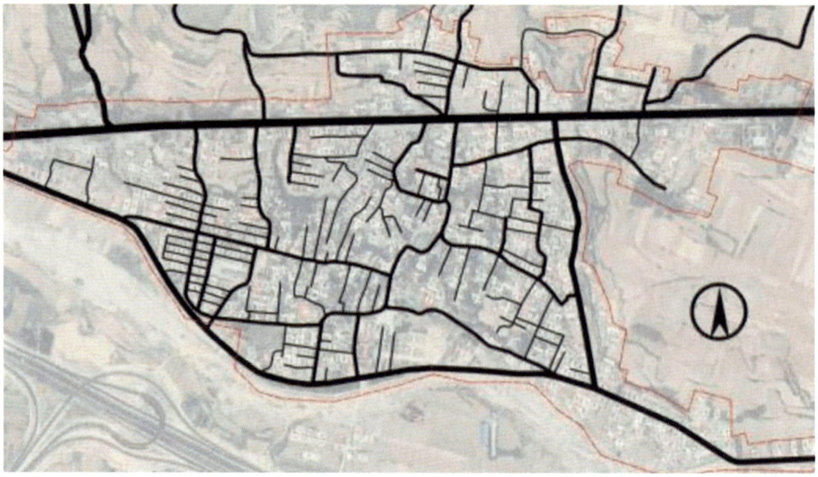

[图2] 冶陶村曲带式结构图

三、物质文化遗产

（一）古村落街巷风貌

村内街巷保存尚好，南北古阁屹立街中，青石板路蜿蜒迂回，宅门雕梁画栋。村内代表性的街巷有大黄家巷、小黄家巷、上庄巷、拐子街、陈家巷、里仁巷，代表性的路和胡同有东西石坡路、大院胡同等。下面着重介绍下小黄家巷、里仁巷和大院胡同。

1. 小黄家巷

小黄家巷形成于清代，长约100米，宽2米以上，巷内青石铺路，连接着革命旧址和旧居。

2. 里仁巷

里仁巷形成于清代，长约100米，宽2米左右，巷内青石铺路，两侧基本为单层建筑，采光较好，因巷内有里仁阁而得名。

3. 大院胡同

大院胡同形成于清代，长约90米，宽约3米，巷内青石铺路，因巷内有刘家大院而得名。

[图3] 传统民居

（二）传统民居

冶陶村的传统民居（图3）多为一个或数个相连的四合院。民居特点：高门楼、高台阶、墙厚、屋高、窗户朝院里开。大的府第宅院还设有“炮楼、枪眼、夹墙、暗室”等，具有较强的防御功能，代表性的有张家大院、齐家大院、乔米花大院、齐志成大院等。

冶陶村民居的院落形式有两种，即独立三合院和独立四合院。这两种院落都具有中轴对称、院落围合等特点。院落的正北面是正房，正房的建筑最为高大，由家中老人居住；两侧为厢房，由家中子女居住。

冶陶村传统民居的立面符合我国传统建筑中的“三分说”，即由台基、墙柱构架、屋顶三部分组合而成，其中变化最为丰富的是屋顶。正房屋顶为抬梁式构架的坡屋顶，屋檐的形式主要有前后出檐、前出檐后收檐。厢房、倒座房大多为平屋顶，并配有花墙样式的女儿墙。传统建筑装饰丰富多彩，主要有石雕、木雕和砖雕。

1. 张家大院

张家大院（图4）建造于清乾隆年间，距今已有200多年的历史，其形制为“九门相照”。四重院落从南到北相互连接，依次在中轴线上形成前门、中厅、后楼的格局。张家大院坐北朝南，东西宽16米，南北长56米。整个大院建筑多为一层，通常是正房坡顶，厢房平顶。建筑以青砖建造，细部装饰有石雕、砖雕和木雕等。

[图4] 张家大院

2. 齐家大院

齐家大院为青砖瓦房，具有典型冀南建筑风格，是保存完好的四合院落。部分建筑为二层，占地面积约为290平方米，建筑面积约为460平方米。

3. 乔米花大院

乔米花大院（图5）是冀南地方特色的四合院。主房为悬山布

[图5] 乔米花大院

瓦顶的二层建筑，两侧厢房则为一层平顶建筑。占地面积约为330平方米，建筑面积约为520平方米。

4. 齐志成大院

齐志成大院为中轴对称的三进院落，占地面积为400平方米，建筑面积为320平方米，主建筑为悬山式一层建筑。

5. 黄家祠堂

黄家祠堂为清代建筑，青砖瓦房，建筑面积为130平方米。其门楼为悬山布瓦结构，整个建筑体现了冀南建筑风格。如今，这里已改为居住用房。

（三）重要历史事件旧址

1. 中共晋冀鲁豫中央局、军区旧址

中共晋冀鲁豫中央局、军区旧址（图6）为一完整的四合院，

［图6］ 中共晋冀鲁豫中央局、军区旧址

坐北朝南，始建于1932年，原为武安徘徊镇伪区长武书堂建的洋学堂，1941—1942年为抗日学校。旧址长45.2米，宽20米，占地面积约900平方米。旧址于1982年被列入“河北省重点文物保护单位”，2006年被批准为“全国重点文物保护单位”。解放战争时期，晋冀鲁豫中央局、军区、边区政府等在此地驻扎。历史上，这里曾是晋冀鲁豫边区的政治、军事、经济、文化中心，著名的“华北财经会议”“大军挺进大别山南征会议”“土地会议”在此召开。

2. 晋冀鲁豫军区司令部伙房旧址

晋冀鲁豫军区司令部伙房旧址（图7）保存完好。该建筑始建于清末民初，南北长22.7米，东西宽11米，占地面积约为250平方米，建筑面积约为430平方米。

3. 财经办事处旧址

财经办事处旧址为清末民初青砖瓦房，具有典型的冀南建筑风格，是保存完好的四合院。其占地面积约为500平方米，建筑面积约为400平方米。

［图7］晋冀鲁豫军区司令部伙房旧址

4. 华北财经会议旧址

1947年，华北财经会议在此地召开，统一了华北各解放区的财经政策，并调剂了财政收支。此次会议为指导华北各解放区财政经济工作、支援战略反攻、夺取解放战争的胜利作出了积极贡献。

5. 徐向前、王宏坤、王树声旧居

徐向前、王宏坤、王树声旧居（图8）为青砖瓦房四合院，具

[图8] 徐向前、王宏坤、王树声旧居

有典型的冀南建筑风格。四合院保存完好。

6. 滕代远旧居

滕代远旧居为青砖瓦房，具有典型的冀南建筑风格。四合院保存完好。

7. 刘伯承、邓小平旧居

刘伯承、邓小平旧居（图9）为清末民初建筑，坐北朝南，是

[图9] 刘伯承、邓小平旧居

一进三相连四合院，占地面积388.4平方米，建筑面积330平方米。1946年6月至1948年5月，中共晋冀鲁豫中央局刘伯承司令员、邓小平政委在此居住。

8. 薄一波旧居

薄一波旧居为青砖瓦房，具有典型的冀南建筑风格，是保存完好的四合院落。其占地面积约为400平方米，建筑面积约为300平方米。

（四）公共建筑

1. 冶陶南阁

冶陶南阁（图10）又称关帝阁，位于拐子街南口，始建于明代天启年间，至今保存完好。它兼具祭祀和防御功能，是邯郸市第一批市级文物保护单位。冶陶南阁坐北朝南，为砖石木结构的单体建筑，下为通道，上为庙。青石砌成的方形台基，中开拱形门洞，门洞高约3米，宽约3米。北面题字“具瞻效靈”，南面题字“洺濵一隅”。阁东北角有石台阶可通上下。上层分为前后两殿，前为拜殿，后为正殿。

2. 玄帝阁

玄帝阁（图11）又称西阁，位于冶陶村西关街西端，始建于明代，保存状况完好。其为砖石木结构，下为通道，上为庙，阁楼是琉璃瓦顶，阁楼内雕梁画栋。门洞的西匾额刻有“冶陶镇”，东匾额刻有“西通秦晋”。玄帝阁具有祭祀和防御功能。

3. 里仁阁

里仁阁位于里仁巷南端，建于明代。大青石砌的底座长5米，宽4米，高3米。里仁阁南北走向，门洞的南匾额刻有“里仁巷”，北匾额刻有“阜安”。阁楼内供奉关羽像。里仁阁为砖石木结构，屋顶外部有砖雕斗拱檐椽，内部有砖拱圆券，屋顶为琉璃瓦顶。

[图10] 冶陶南阁

[图11] 玄帝阁

4. 拱凤阁

拱凤阁（图12）位于小黄家巷南端，建于清代末年，占地面积约为60平方米，具有祭祀和防御功能。它下部为通道，上部为庙宇，采用砖木结构，水泥平顶，目前保存状况较好。拱凤阁北侧供奉菩萨，南侧供奉关帝，是村内唯一的“一阁两庙”建筑。

[图12] 拱凤阁

5. 丁字阁

丁字阁也叫三教阁，具有祭祀和防御功能，位于上庄巷中，供奉着佛、道、儒三教之主。始建年代不详，只留下重修碑，记于清乾隆八年（1743年）。丁字阁占地面积60平方米，为砖木结构，水泥平顶。目前建筑保存状况较好。

6. 菩萨阁

菩萨阁位于村庄东北部，是清代建筑，占地面积65平方米，具有祭祀和防御功能。保存状况较差，有墙体开裂现象。下为通道，上为庙。砖木结构，灰瓦坡顶。

（五）历史环境

1. 古槐

古槐（图13）位于拐子街，植于明永乐年间，距今已有600余

[图13] 古槐

年历史。

2. 古井

古井建于清代，为当时居民饮水之源。

3. 防空洞

防空洞（图14）是冶陶土地会议期间为防空袭而修建的，酷似

［图14］防空洞

延安窑洞。

四、非物质文化遗产

（一）武安平调、武安落子

武安平调、武安落子产生于明末清初，是武安独有的两个地方稀有剧种。两个剧种同团同台演出被誉为“两开箱”，在全国罕见。村落每逢庙会等重要节点都会有戏曲演出（图15），全村村民都会来观看，至今仍令人津津乐道。

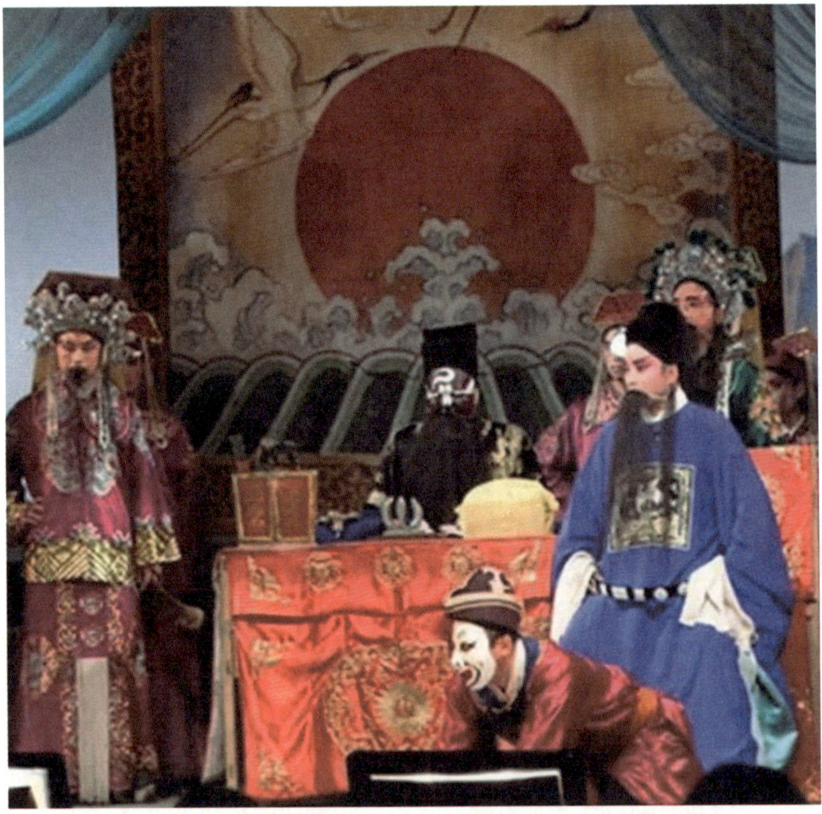

［图15］戏曲演出照

（二）剪纸、泥塑等

冶陶镇政府和村委会一般会不定期举办传统民间手工艺大赛，形式多种多样。村民手巧，在泥塑与剪纸（图16）等方面都有着非凡的技艺，创作出的作品栩栩如生，深受人们的喜爱。

[图16] 泥塑与剪纸

邯郸市武安市冶陶镇安子岭村

一、村落概况

（一）基本情况

安子岭村（图1）隶属武安市冶陶镇，位于镇南部4公里处。该

村四面环山，南面凤凰山，北面庙垴顶，西面莲花山，东面东坡岭。古村南北长约390米，东西宽约280米，主要为明清时期的石制古建筑。村庄现有500户，1500人。

2008年10月，安子岭古村及山寨被河北省人民政府公布为第五批省级重点文物保护单位。2012年12月，该村被列入第一批中国传统村落名录。

[图1] 安子岭村

（二）村落沿革

古村始建于明代洪武年间，最初是吴姓人氏到此垦荒定居，后逐渐建成村落。现存建筑大部分建于明清时期，保存较为完整。因该村前有一岭似马鞍形，故取名鞍子岭。因“鞍”与“安”同音，后演变为安子岭。现今，在古村的西部和北部逐步建起了安子岭新村。

二、选址格局

村落格局呈组团型，即以周边山体为依托，构成4个组团，各组团院落依山就势，随地形、道路而变化，同时又通过菩萨殿等公共建筑联系为一个群体空间组合形态。村落以“文革桥”为起点，沿主街布置菩萨殿、祠堂、关帝庙等公共建筑。村庄格局充分结合本村的地理条件，营造出错落有致的宅群组合和多层次的环境空间。

万历年间来者日众，渐成村落。建筑全为石头垒砌而成，现保存完好。明代、清代、民国时期全石建筑计一百八十九座，其中平房六十九座，瓦房六座，瓦房楼二十四座，平房楼九十座。安子岭民居受山区地形约束，保留下来的大部分建筑为一进院落，少部分为沿横轴排列的并联式院落和一主一次的并列偏跨院落。并联式院落的两个院落之间等级一致，连接两个院落的侧门一般开在东南方向。

三、物质文化遗产

（一）村落街巷风貌

村落由全石古建筑群和三条主街巷组成。古老的石街巷（图2）蜿蜒曲折，路面及台阶全由青石条、石板铺成，依地势错落有致。

[图2] 村落街巷

街里有石碾、石磨等各色小品点缀着周围一座座古石建筑。造型各异的门楼为古建筑增添了无限活力。

（二）传统民居

“两甩袖”形制民居为邯郸西部山地传统村镇所独有。所谓甩出去的袖子，其实就是东西梢间的南墙分别突出一间或半间，突出的梢间设窗不设门。梢间一般为次要用房或储藏间。

（三）公共建筑

1. 菩萨庙

菩萨庙始建于明代，位于村中部。坐北朝南，一进院落，由山门和正殿组成。山门面阔一间，进深两间。菩萨庙正殿屋脊有莲花砖雕，屋顶铺设灰布筒瓦。正殿面阔三间，进深两间，高6.7米。

2. 龙王庙

龙王庙始建于清代，位于村北，坐北朝南，一进院落，由山门和正殿两部分组成。山门为硬山顶，正殿为歇山式，均为近年重修。正殿面阔三间，进深7.4米，高7.3米。

（四）历史环境

安子岭古石桥：横跨在安子岭村中心有一条季节性河流，此河流上建有一座双孔青石桥，桥梁两侧设护栏，青石栏板上雕有宣扬儒家思想的二十四孝图，石柱顶端有若干尊十二生肖石雕。1963年，特大洪灾之后，古石桥的石柱和护栏被冲毁，“文革”时期重修，将其改造为如今的水泥护栏。

四、非物质文化遗产

据当地的老者讲，安子岭社火（图3）过去曾闻名全武安市，社火内容包括抬阁、舞龙、踩高跷、扭秧歌、骑竹马、划旱船，以及戏剧艺术表演等。

［图3］安子岭社火

邯郸市武安市马家庄乡没口峪村

一、村落概况

（一）基本情况

没口峪村（图1）位于武安市马家庄乡西南部30公里处，它是

传统的农业村。村周边拥有朝阳沟景区、牛洼堡遗址、七步沟景区、古武当山景区等。村里主要种植小米、花椒、核桃、柿子等农作物。村内有保存较为完整的古村落，2012年，没口峪村被授予“美丽村庄”称号；2016年11月，没口峪村被列入第四批中国传统村落名录。

[图1] 没口峪村

（二）村落沿革

据《杜氏家谱》记载："吾始祖杜金会在明初洪武年间由山西洪洞县迁入河北省武安市没口峪村。"村庄坐落在林荫蔽日的山坳之中，远看重峦叠嶂，见山谷而不见山谷之口，故称其为没口峪。

二、选址格局

没口峪村的西北、东南各有一道山脉，两道山脉环绕整个村子，老辈称"二龙戏珠"。村地形特殊，河道西高东低，村落北高南低，民宅随山就势，依山而建。

三、物质文化遗产

（一）传统民居

没口峪村传统建筑占村庄整体建筑面积的70%以上，传统民居（图2）建于明、清、民国时期，建筑主体是土木石结构，砌墙大多以石料为主。传统建筑中，核心建筑是四合院。建筑雕刻精美，每一处都透露着匠人的巧思。从天地庙上栩栩如生的神像到砖雕精美的影壁画，再到各式各样的时代门楼及木制窗户，无不展现出匠人的高超技艺。

（二）历史环境

1. 石羊像

村东北方向有一处溶洞，洞中有一石猪像和一石羊像，为天

[图2] 传统民居

然形成。传说建村之际就已存在，祖先寓意后辈人要发展养猪、养羊业。

2. 石官乌纱帽

村东南方向有一奇石，酷似官吏的乌纱帽（图3）；距其不远处，又有一小山，形似官印，与之遥相呼应。传说石官乌纱帽镇守，必出良才。后来石官乌纱帽的其中一翅遭到损坏。

[图3] 石官乌纱帽

3. 古槐树

村中心有一棵古槐树（图4），树高20米，树冠有90多平方米，树干要三个成年人手拉手方能合抱。据说，这棵树是明朝年间为了纪念祖先在山西洪洞县老槐树下居住而栽种的。

［图4］古槐树

四、非物质文化遗产

没口峪村非物质文化遗产丰富，有武安赛戏、武安平调、武安落子，以及伯延民间建筑艺术等。地方特色小吃有武安抻面、武安烩菜、驴肉卷饼等。地方特产有武安柿饼、武安小米等。

没口峪村的村民在日常生产劳动中展现了丰富的智慧，他们制作的传统手工艺品有荆条篮子、刺绣门帘、虎头鞋、虎头帽等，每一件作品都蕴含着深厚的文化意义和精湛的手艺。

邯郸市武安市管陶乡万谷城村

一、村落概况

（一）基本情况

万谷城村（图1）位于河北省西南部太行山脉南端东麓，隶属于河北省邯郸市武安市管陶乡，距离武安市区约54公里，距管陶乡

政府约10公里。万谷城村西边约4公里是青塔村，东边约1.5公里是长亭村，北边约5公里是宋江岩村，南面隔山约5公里是涉县木井乡洪河沟村。

村内户籍人口705人，常住人口400人。村域面积约1750公顷，其中村庄占地面积约34公顷，村庄耕地面积约96公顷，二者仅占村域面积的一部分。村内主要居住民族是汉族，主要农作物有玉米、谷子、花椒、核桃等。2016年，万谷城村被列入第四批中国传统村落名录。

[图1] 万谷城村

（二）村落沿革

《武安县志》记载，万谷城建村于明初，居民最初由武安市柏林村迁来。村庄古时筑有城郭，田肥水足，年产谷物万石，故取名万谷城。

二、选址格局

万谷城村位于太行山脉，四面环山，三面环水，整体地势西高东低。村内及周边景点众多，村北有一二九师干部团和医院驻地，还有可容纳四五百人的藏兵洞；村东有三跌泉；村西有古城墙等。村边县级X155阳索公路通往各地。

三、物质文化遗产

2009年，据《武安市文物志》记载，武安市不可移动文物保护单位中，万谷城有十一处。万谷城还有国家二级保护植物“缘毛太行花”，以及华北少有的“石华奇观”。

（一）古村落街巷风貌

村落有三条东西向大街和五条南北向小巷。民居布局呈“井”字形框架，建筑坐北朝南，背靠山体面向阳光，风格独具特色。

（二）传统民居

万谷城村占地总面积为34公顷，传统建筑占村庄建筑面积的

[图2] 传统民居

30%以上。传统民居（图2）多建于明、清、民国时期，建筑主体多采用土、木、石材料，砌墙大多以石料为主。北屋高大宽敞，多为楼房；东、西、南屋则低矮狭窄，多为瓦房或平房，整体属于北方四合院格局。传统民居各具特色，有雕刻精致的影壁画（图3）、

[图3] 影壁画

[图4] 郭家大院

木制窗户，还有样式各异的时代门楼和技艺精湛的木雕茶几等。

传统建筑中，核心建筑是院院相通的郭家大院（图4）。当初，为了防御响马盗贼抢掠，一个姓郭的大地主在村中心建了十三座大院，外围又建了东西南北四座大门，大门内十三座院彼此相通。

（三）公共建筑

1. 岳飞庙

岳飞庙位于万谷城村北部，庙内藏有唐代石窟寺。寺的洞口高1.38米，宽3.56米。洞窟进深3.5米。洞口东侧岩上有两尊佛像（图5），寺洞门口两侧有雕龙，雕龙上方有两个卯口，疑为原窟

[图5] 佛像

檐构件。窟内正、左、右三面石壁上雕刻的佛龛共52个，大小不一，形制各异，最大的佛龛高1.78米，最小的佛龛高0.13米，大部分为尖拱形。原来佛龛内均有石像，现已无存。

2. 其他建筑

明代建筑奶奶庙（图6）、清代建筑送神奶奶庙、清代建筑五圣庙、清代建筑五龙神庙（图7），以及清代建筑戏楼（图8）保存

[图6] 奶奶庙

[图7] 五龙神庙

[图8] 戏楼

基本完整，部分残损正在等待修缮。

（四）历史环境

明代长城位于万谷城村西约2公里处，是一段明代知府建立的长城。此城墙为南北走向，砌筑于青塔河槽内，主要用于防御当时来自山西方向的土匪或者蟊贼。现存残墙长13.5米，宽8.6米，高4.8米。城墙用片石砌筑而成，现顶部用水泥抹面，墙内外全用白灰勾缝。

四、非物质文化遗产

万谷城村非物质文化遗产丰富，有传统吹唱班、舞龙表演、跑驴、二鬼摔跤（图9）、划旱船等。

[图9] 二鬼摔跤

邯郸市武安市管陶乡朝阳沟村

一、村落概况

（一）基本情况

朝阳沟村（图1）地处太行山深处，位于晋冀两省交界处，隶

属于河北省邯郸市武安市管陶乡。村落东西横跨近5公里，南北纵距约3.5公里。

全村人口为569人，共102户。村域总面积共1750公顷，村庄耕地面积为96公顷。主要居住民族是汉族。2014年，朝阳沟村被列入第三批中国传统村落名录。

［图1］朝阳沟村

（二）村落沿革

朝阳沟村是西沟村和列江村合建的。列江村，相传宋太祖西巡三晋时，纵马至此，因迷恋观景，勒缰而停，故赐名勒缰村，后来民间书写嫌笔画太繁取其谐音称列江村。西沟村，据传400年前成村。朝阳沟景区成立后，于2006年将西沟村村民迁至列江村，两村合并为朝阳沟村。

二、选址格局

朝阳沟村位于山沟深处，由于地形险峻，平地甚少，各民居（图2）面积极小，少有院落，多为三间住房。民居多坐北朝南，

[图2] 传统民居

部分四合院的正房坐东朝西。民居之间高低错落，多有台阶相连。

三、物质文化遗产

据资料记载，原西沟村始建于明代，历经数百年保留至今，其间仅进行过简单的修整，原建筑风貌依然保存完好。现村内民居已无人居住，朝阳沟景区将其作为传统建筑展示区进行了开发利用。

（一）传统民居

朝阳沟的建筑依山势而起，很多建筑巧妙地采用了错层布置，使两层建筑南北开口，大大增加了山体的可用空间。有的二层建筑为节约空间，甚至没有固定的楼梯，仅靠一把可移动的扶梯来上下楼。村民就地取材，以石材作为主要建筑材料。建筑风格、式样都体现了晋冀相融的特点。

1. 二大娘旧居

二大娘旧居（图3）原为西沟村的民居，后被用作豫剧《朝阳沟》中人物二大娘的居住房屋。该建筑保存情况良好，为一层建筑，共三开间。建筑主体部分用当地石料砌筑，其中墙体用石块砌筑，屋顶用石板搭筑。房屋窗户为格栅窗。

2. 老平旧居

老平旧居（图4）为一层建筑，共三开间。建筑主体部分用当地石料砌筑，其中墙体用石块砌筑，屋顶用石板搭建，窗户部位的砖券样式为木梳背券，窗户样式为方格式。

3. 小牧童旧居

小牧童旧居（图5）为一层建筑，共五开间。建筑主体部分用当地石料砌筑，其中墙体用石块砌筑，屋顶用石板搭建，窗户部位的砖券样式为平口券，窗户样式为方格式。

[图3] 二大娘旧居

[图4] 老平旧居

[图5] 小牧童旧居

4. 旧农具展览室

旧农具展览室（图6）为一层建筑，共五开间。建筑主体部分用石料砌筑，其中墙体用石块砌筑，屋顶用石板搭建，窗户部位的砖券样式为平口券，窗户样式为方格式。

[图6] 旧农具展览室

（二）公共建筑

村内公共建筑较多，有九龙庙、白求恩医院三所旧址、传统磨坊、三节楼、龙凤明堂等。建筑材料多以石、木、砖、瓦为主。

1. 九龙庙

九龙庙（图7）位于朝阳沟村东部，始建于清朝末年，因当地习俗以西为贵，故建筑坐东朝西。该庙高4.2米，长6.57米，宽4.66米，面阔三间，进深一间。其平面形式为前出廊，台阶样式为五级垂带踏垛。斗拱采用一斗二升，前出麻叶。屋顶为硬山顶。建筑正立面采用青石砖砌筑，南北立面和东立面则采用本土石材砌筑。

2. 白求恩医院三所旧址

白求恩医院三所旧址（图8）位于朝阳沟村东南部，建筑布局考究，是一座典型的三合院。院落中有一座二层的正房，正房两侧各有一座东西厢房，院落入口处有一座门楼。该建筑的主房面阔五间，进深一间，前有月台。窗户部位的砖券为半圆券，窗框上雕刻

[图7] 九龙庙

[图8] 白求恩医院三所旧址

有“福、禄、寿、祯、祥”文字，窗户样式为方格式。

（三）历史环境

1. 古树名木

景区入口百年核桃树：位于朝阳沟风景区入口停车场，树龄

100岁以上，树木长势较好。百年柏树：位于南小区西侧，树龄200岁以上，树木长势较好。百年鲍榆：位于陈新硕家门前，树龄300岁以上，现在树已死亡，只留树身。老平旧居百年核桃树：位于老平旧居南侧，树龄300岁以上，树木长势较好。百年杏树：位于小牧童旧居门前，树龄200岁以上，树木长势较好。农具展览馆百年核桃树：位于农具展览馆前，树龄300岁以上，树木长势较好。

2. 列江村西抗日英雄纪念碑

为了纪念那些在战斗中英勇献身或因伤救治无效而牺牲的抗日英雄而立此碑。

四、非物质文化遗产

武安平调和武安落子是两种深受当地喜爱的戏曲形式，朝阳沟的村民为这两种戏曲的产生和发展作出了不可磨灭的贡献。在鼎盛时期，几乎村村都有平调、落子剧团，戏曲文化氛围十分浓厚。如今，陈交亭、杨美叶等四位民间艺人依然坚持演出。

豫剧《朝阳沟》是中国戏曲宝库中的经典之作，也是豫剧艺术中的璀璨明珠。该剧通过生动的故事和鲜明的人物形象，展现了特定历史时期的农村生活和社会风貌，承载着丰富的文化内涵和深厚的情感记忆。《朝阳沟》自首演以来，历经数十年的岁月沉淀，依然深受观众喜爱，让朝阳沟村也获得了今天的美誉。

朝阳沟村正是著名豫剧作家、导演杨兰春的故乡（图9）。杨兰春创作的《朝阳沟》《李双双》《唐知县审诰命》《小二黑结婚》等作品广受欢迎，其中《朝阳沟》更是唱红了大江南北，成为家喻户晓的经典之作。

[图9] 杨兰春旧居

一、村落概况

（一）基本情况

张家楼村（图1）位于彭城镇南，距彭城镇3公里。全村辖4个

村民小组，截至目前，村域总面积394.6公顷，有耕地25.12公顷，总户数429户，人口1725人。

村内主要经济来源为种植业，主要种植的农作物是玉米。2019年6月，张家楼村被列入第五批中国传统村落名录。

[图1] 张家楼村

（二）村落沿革

相传在宋元时期，各地灾民纷纷来彭城窑场打工，其中有一张姓人家，因无处居住，便在镇南山野间的土壁上凿洞为室，居住存身。后来，又在主窑的上方再开一洞，下洞住大人，上洞住儿女，远远望去就像一栋楼房一般，有人戏称这是“张家楼”。彭城窑场的窑工陆续来此开窑居住，渐成村庄，也就叫成了“张家楼”村。

二、选址格局

张家楼村四面环山，东侧为老槐山，南侧为花山，北侧为石鼓山，西侧为九山。村南有两条河流自老槐山流出，在村中汇流后注入滏阳河上游，成为滏阳河的重要支流之一。

三、物质文化遗产

（一）古村落街巷风貌

张家楼村现有主街两条，分别为村中街与村西街，街道路面均已硬化，硬化宽度为3米至4米。街巷（图2）多为南北方向，宽度在1.5米至3米。

（二）传统民居

张家楼村的传统民居（图3）始建于清末，房屋多以笼盔、土坯或青砖砌筑，屋顶形式多为平顶。窑洞、大缸、笼盔墙是本村建筑

[图2] 村落街巷

[图3] 传统民居

特有的景观。张家楼村目前是全国唯一保存完整的磁州窑古村落。

张家楼村的传统民居常见布局有“四合头”和“三条腿”两种。“四合头”即“四合院”，由上房（堂屋）、左右配房、下房组成。比较正规的四合院，上房为五间，前方设有月台石阶（通常三级或五级），左右配房各三间，下房五间，其中下房有一间会留作“过道”，用于出入院门。“三条腿”就是只有上房和左右配房，没有下房或下房很不成形。传统民居除了“四合头”和“三条腿”之外，还有陕北风格的窑洞，有的窑洞为石砌券顶，有的为土窑洞。因与磁州窑的渊源，张家楼村的传统建筑通常会突出陶瓷特色，院墙多以笼盔或灰砖砌成。

（三）公共建筑

村内现有火神庙、财神庙、天地庙、山神庙等，这些庙宇主要以结社的形式进行管理。社员组织的娱乐活动时间不固定，通常在求雨之后或丰收以后，尤其是秋收结束之后最为常见。在结社时，赵氏、陈氏、马氏等族人较多的家族始终占据主导地位。

1. 火神庙

火神庙为清代建筑，位于张家楼村北的二里沟，这里是通往彭城的必经之路。凡是与用火相关的地方，如家庭、店铺、窑厂等，人们都会前往火神庙敬奉。现遗存的火神庙里除了有火神爷，还增加了火神奶奶。火神庙的庙会没有商贸交易，百姓俗称这种庙会为“捣窑子会”。

2. 财神庙

张家楼村有敬奉文财神和武财神两种说法（图4）。文财神为比干和范蠡，武财神为赵公明，后来民间又把关羽奉为武财神。

3. 天地庙

天地庙是张家楼村最大的祭祀场所。村民会在此祭祀天地爷，

[图4] 财神庙

祈求五谷丰登、国泰民安。祭祀活动的费用由村民根据每户耕种土地的面积集资举办。社首一职由拥有三十亩以上耕地的村民轮流担任，任期为三年，每次由四户共同承担。任期结束后，卸任的社首会负责筹办为期四天的戏曲演出，以此感谢天地爷在任期内的庇护。戏曲演出结束后，会举行送神仪式，随后整个活动宣告结束。

4. 山神庙

山神庙建在山顶，是一座约2平方米的小石屋，里面供奉着山神爷的牌位。张氏宗族在此建村时，便以山为家，开荒造田，挖掘瓷土。因此，他们对山神爷十分崇敬，所举行的祭祀活动也格外隆重。

（四）历史环境

1. 杂树林

张家楼村的先民世代沿河沟两岸居住，长期以来，村民们养成了在河沟边植树的习惯。如今，那里生长着槐树、椿树、榆树、柿树、梧桐树和皂角树等。河沟中流淌的雨水滋润了这些树林，随着时间的推移，树木竞相生长，其中古树粗壮到可以合抱，新树也已长至腿粗。

2. 笼盔墙

张家楼村的院墙多采用陶瓷生产中废弃的匣钵“笼盔”作为建筑材料，所垒的院墙俗称笼盔墙（图5）。这些圆筒形的笼盔或竖立或横放，能够组合成各种惟妙惟肖的几何图案。笼盔经过多次窑火的煅烧，变得通体坚硬，表面呈深红色。在多次装窑使用后，这些笼盔被废弃，当地的百姓为了节约建筑材料，就地取材，将废弃的笼盔捡走用于建造院墙。这些圆筒形的笼盔上面敞口，底部留有拳头大小的圆孔，当它们横放在墙上并且底部圆孔朝外时最为美

[图5] 笼盔墙

观，砌在墙上宛如排列着的一枚枚大铜钱。当年，张家楼村的人们，肩扛青土前往彭城窑场换取生计，归途中不忘带上那些看似无用的笼盔，这一习惯逐渐蔓延，最终使得整个村落的院墙几乎都被笼盔所覆盖，形成了一道独特的风景线。

3. 石拱古桥

村旁的河沟上，数座石拱古桥（图6）点缀其间，成就了古村落的一道美景。夏日里，溪水在河沟中缓缓流淌，人们在桥上行走，绿树掩映之下，小桥流水，显得格外惬意。纵观方圆几十里，一个村落中有如此多的古桥，除了张家楼，再无他处可寻。

[图6] 石拱古桥

四、非物质文化遗产

（一）磁州窑制作技艺

张家楼村是磁州窑的主要瓷土产地。磁州窑的传统烧制技艺被列入国家首批非物质文化遗产名录，有两位张家楼村民被国家认定为磁州窑传统技艺的传承人。目前，在张家楼村所属的彭城镇，仍有超过100家的手工作坊和瓷厂在运营，从业的瓷业工人超过3万人，其中从事传统制瓷工艺的从业者有50人以上。这些陶瓷作坊，尤其是传统手工作坊，均采用来自张家楼村的高岭土作为制瓷原料。坊间流传的“水冶釉，楼当土”这句话，充分说明了张家楼村在日常制瓷业中的重要地位。

（二）老缸调

彭城的陶瓷行业自宋代形成规模后，千百年来，窑场工匠在劳动中不仅创造了瓷器艺术品，还孕育出老缸调。这种曲调源自工匠在劳动间歇的说唱，包含一定的角色对白和唱段，表演内容主要围绕窑场工匠的生活和爱情展开。在张家楼村这个依山傍水的千人小村庄，至今依然完美地保留着这个具有审美价值的古老民间戏种——老缸调，其表演场面热烈，规模可大可小，喜庆气氛浓烈。老缸调的伴奏乐器简单，主要包括板胡、二胡、横笛和梆子等。

（三）抬扁担官

抬扁担官表演由十多人组成，包括县正堂、问官（师爷或账房）、四名衙役、两名抬夫以及其他角色。正堂身着清代七品官服，系玉带，摇鹅毛扇，骑坐在扁担上。问官则穿大褂，戴礼帽，怀抱印盒。整个表演风格滑稽自由，展现了百姓对“官清民自安”的期盼。相传某地发生一次瘟疫以后，很少有官吏愿意去那里做官，有一个真心愿意为民办事的好官，刚好被委派到这里。他上任后，不辞辛劳，深入民间，体察民情，微服私访，默默为村民排忧解难，赢得了广泛的尊敬与爱戴。村民为了表达对这位好官的感激与敬仰，每逢其外出巡视，村民便别出心裁地以日常劳作所用的扁担轮流抬着他前行。这一幕，不仅是对县官亲民之举的回应，更寓意着民众内心深处对于清明廉洁、为民造福官吏的衷心拥护。抬扁担官，不仅是一场表演，更是一段流传千古的佳话，寄托了百姓对美好生活的向往与追求。

（四）二鬼扳跌

二鬼扳跌是一种传统的民间舞蹈节目，由单人进行表演。演员穿上特制的服装，模仿两个小鬼摔跤（俗称扳跌），其动作幽默诙谐，引人发笑，深受群众喜爱。随着时代的发展，二鬼扳跌从过去的驱邪祈福功能逐渐转变为深受群众喜爱的民间文艺节目。演员在地面上自如地翻滚、爬行、扭动、打斗，每一个动作都充满了力量与技巧，同时也洋溢着滑稽与欢乐。尤为值得一提的是，二鬼扳跌的表演并不受场地限制，无论是街头巷尾还是田间地头，只要有一片空地就能表演。

（五）高跷

高跷蕴含着祈盼生活“步步高升”的美好寓意。流行的高跷分为高、低两种，高的高跷超过4尺，低的高跷则在1.5尺至2尺之间。高跷表演中还包括跳板、劈叉等高难度动作。表演者将双脚绑在木棍上，化妆成各种人物，或单独逗舞，或多人配合表演有趣的动作与故事，由唢呐伴奏，整个表演充满趣味性。表演者一般身着戏装，浓妆艳抹，载歌载舞。表演的故事一般有《八仙过海》《水漫金山》《穆桂英挂帅》《白蛇传》等。低高跷（图7）者一般走圆场，串“8”字，以丑角的滑稽表演为主，步法多为秧歌步与十字步。

［图7］低高跷

（六）太平车

太平车最初是一种运输工具，而现在已成为节庆活动中的一种表演形式。表演角色包括推车人、推车人的丑妻、挎着装饰性车子的坐车姑娘，以及丫鬟等。在节庆活动中，表演者通过演绎民间传说故事，为广大群众带来欢笑。角色的步态动作丰富多样，其中包括丑婆的“颤膝步”“扭摆步”“扭颤步”“转肩步”“整鬓步”“挥手步”，推车汉的“推车步”“跳蹲步”“后踢步”“跪推步”，以及姑娘与丫鬟等的“坐车步”“摆扇步”等。表演动作滑稽有趣，形式多样，深受老少观众的喜爱。

（七）剪纸

张家楼剪纸古称“磁州剪纸”，也称“峰峰剪纸”，因其具有独特的艺术风格，享誉国内外，为世界人民所喜爱。张家楼窗花深深扎根于民间，它是滏阳河畔数百万繁衍生息的劳动人民共同创造的精神财富。张家楼剪纸喜欢用简洁的线条巧妙地展示丰富的内容和饱满的画面。剪纸作品虽然画面有限，但易于捕捉事物形态，栩栩如生。

邯郸市峰峰矿区界城镇老鸦峪村

一、村落概况

（一）基本情况

老鸦峪村（图1）位于峰峰矿区西南部，属界城镇管辖，全村

现有310户，1420人。2016年12月9日，该村被列入第四批中国传统村落名录。

（二）村落沿革

老鸦峪村创建于明洪武二年（1369年），据传是由王世恒、王

[图1] 老鸦峪村

世能、王世和三位亲兄弟从山西洪洞县的老槐树下迁入建立的。起初，因为村民居住在一个山坳之中，村子被称为“老凹峪”。后来，由于村旁树木繁茂，吸引了许多乌鸦栖息，逐渐又有了“老鸦峪”的称呼。1962年以村中季节河道为界，分成东西两个村，称“东老鸦峪”和“西老鸦峪”。据考证，西老鸦峪村的王姓族人至今已繁衍至第三十代。

二、选址格局

老鸦峪村位于太行山南段西侧，处于太行山与华北平原的过渡区域，地形以丘陵为主。过去，村东和村北有泉水四季流淌，这里因此被誉为“十山九勾头，必定出王侯”的风水宝地。

三、物质文化遗产

（一）古村落街巷风貌

村内的石板小道纵横交织、高低错落，有的用青石砌成，有的则采用卵石铺设，路面形式多样，风格自由。街道两侧的石头房屋依地势而建，高低起伏。沿着街巷（图2）行走，仿佛置身于一个石头迷宫之中。

（二）传统建筑

老鸦峪村的核心古建筑群为王家大院，目前保存完好的院落共有八处，沿着东西中轴线分布着两座四进院落，在四进院的两侧分别有三座院落，大小房间总计一百多间，占地面积超过5000平方米。不同于普通的民居布局，王家大院采取了坐西朝东的朝

[图2] 村落街巷

向，其建筑格局从东向西逐渐升高，这一设计可能与当地的地势特点相关。王家大院前面是一条小河沟，后面则是高高的山岭，四周被群山环绕，形成了一处依山傍水的风水宝地。由此可见，王氏家族在选址建造住宅时，经过了周密的规划与考虑。王家大院现存的主要建筑包括“九间楼”“五间楼”“八角楼”（图3）等，除此之外，还有防御楼、会客室、书房、佣人居室、牲口房、碾坊、羊圈以及元宝洞等建筑。这些保留下来的建筑大多建于晚清至民国时期。

王家大院（图4）的布局以“九间楼”为中轴线，南北两侧并列着三座院子。在建筑的空间结构上，这种布局构成了一幅意味深长的“王”字形图案。这一“王”字形的院落结构，表面看似简单

［图3］八角楼

［图4］王家大院

地暗示了大院主人的“王”姓身份，实则蕴含着更为丰富的文化内涵。历经百年，王家大院穿越历史的风雨，见证了无数变迁，也守护着整个王氏家族，其砖瓦楼宇之间仍可窥见往昔的辉煌与宏伟气度。特别值得注意的是，“五间楼”建筑的五扇窗户上雕刻着“仁、义、礼、智、信”五个大字，而“九间楼”建筑的大门两侧门柱上也雕刻着“勤、俭”二字，这些都成了老鸦峪村民世代传承的精神信仰。

邯郸市峰峰矿区义井镇王三村

一、村落概况

（一）基本情况

王三村（图1）是峰峰矿区西部山区的一个古村落。这里历史

悠久，民风淳朴，传统文化源远流长，物质文化和非物质文化遗产丰富。

（二）村落沿革

王三村原属于西王看村的一部分，20世纪60年代初被划分为单

［图1］王三村

独的行政村，现属义井镇管辖。2019年6月6日，王三村被列入第五批中国传统村落名录。“西王看村”名称得来源于历史传说。相传，隋朝末年沧州刺史窦宗镇压农民起义领袖窦建德，“二窦”在石鼓山一带征战，窦宗跨马率兵路过两个村庄之间时，东西张望，从此西边之村就叫“西王看村”，东边之村就叫“东王看村”。

二、选址格局

王三村位于峰峰矿区西北12公里处，西邻药王谷景区和跃峰渠主干渠。村落地势平坦，山清水秀，景色宜人。

三、物质文化遗产

（一）古村落街巷风貌

村内古街道四通八达、纵横交织，共同奠定了古村落的空间形态基础。一条条石头街道，或用青石砌制，或用卵石铺就，路面形式丰富，不拘一格。沿街巷（图2）行走，犹如穿梭于石头迷宫之中，为这沧桑的古村更添了几分魅力。

（二）传统民居

王三村的传统民居（图3）主要有“四合头院”和“簸箕掌院”两种形式。“簸箕掌院”也叫“三条腿院”，通常由三面房屋围合而成，其中布局多为“上三下三”或“上三下二”。“上三下三”即两边配房共六间，“上三下二”即两边的配房上首是三间，下首是两间。如果谁的家门直冲着深胡同，便在墙壁上垒上一块刻有“玉清”二字的青砖。若家门冲着大路或沟壑，便在自家墙根立

［图2］村落街巷

王 三
WANGSAN

[图3] 传统民居

[图4]关爷庙

一块刻有“泰山石敢当”的石碑。

（三）公共建筑

王三村有一座上百年的关爷庙（图4），庙门石柱上雕刻着一副对联：秉烛春秋大节至今昭日月，满腔忠义雄风亘古振纲常。关爷庙的屋顶上有一个暗阁，日军入侵的时候，附近的村民将孩子藏在阁里，躲过了日军的搜捕。

四、非物质文化遗产

（一）苇子灯阵

苇子灯阵是一种将工艺制作与舞蹈表演有机结合的民间艺术形式，流传于河北省邯郸市峰峰矿区以西的义井镇。相传，战国时期，原磁县贾壁乡一带就已有逢年过节演出苇子灯阵的风尚。到了明代，邻近的义井镇村民前往贾壁乡观看表演，从而习得灯艺。此后，苇子灯阵开始在义井镇盛行，而贾壁乡的苇子灯阵表演却逐渐失传。苇子灯阵多在春节期间表演，每年一进腊月，义井镇村民就开始采购灯油、红绿纸等材料，通过剪贴铰装等工序，精心制作灯阵道具，并将丰收的心情融入艺术之中。

（二）王看烟火灯地

西王看村农历正月十五放烟火（俗称“点老杆”）、转灯地有着悠久的历史。近年来，这些活动在峰峰矿区最负盛名，以“白天万紫千红，夜间五光十色”著称。其燃放效果“布局巧妙、搭配合理、气势磅礴”。

邯郸市磁县都党乡同义村

一、村落概况

同义村（图1）位于河北省最南部的太行山脉，东距磁县县城27公里，南距安阳县23公里。村子南邻漳河，与河南省安阳县隔河

相望，西北是千年古河道，东临岳城水库。同义村东与黄沙镇和观台镇相望，西与杨花庄村相邻，北与双合村和辛四庄村相接，南与冶子村相连。该村建村已有700余年历史，目前全村户籍人口988人，常住人口626人，耕地面积48.3公顷，荒山面积1333公顷。村内主要产业为农牧业和林果业。2016年12月9日，同义村被列入第四批中国传统村落名录。

[图1] 同义村

二、选址格局

从远处眺望，同义村宛如一面巨大的镜子静卧大地。村庄坐落在山上，山脚下便是邢洛公路，路两旁漳河与跃峰渠相伴流淌。自古以来，这里就是一个易守难攻的兵家必争之地，山上的战壕遗址便是有力的证明。盘山路穿过山洞进入村庄，这里的山场面积达16平方千米。居民分散居住在各个山头或山坡上，整个自然村主要由9个居民点构成。同义村不仅自然风光独特，历史文化遗迹也极为丰富。这里有古化石，还有磁县虎皮脑中奥陶统地质遗址1处、钟乳洞1处。此外，古石洞、古庙、古炮楼、古戏楼、古土窑洞，以及古碓臼、古石磨、古石碾等散布其间。这些遗迹、建筑和器具等，犹如一部部无言的史书，生动地展现了古代劳动人民的生活方式和智慧。

三、物质文化遗产

（一）古村落街巷风貌

村内的巷道，或用青石砌制，或用卵石铺就，路面样式丰富，不拘一格。纵横设置的飞檐走脊，错落有致的门巷、照壁、祠堂、庙宇，处处散发着古朴典雅的风韵。房屋依地势高低顺势而建，尽显自然之态。这里梯田层层，山道弯弯，鸡犬相闻，绿树成荫，建筑古朴而典雅。

（二）传统民居

同义村传统民居（图2）大都是石砌的，其中古窗、古门墩、

[图2] 传统民居

古石雕等形式多样，以独特的古老风貌彰显着古代劳动人民的智慧。至今仍完好地保存着两百多座纯石头结构的明清古民居。

（三）公共建筑

村内古建筑颇具神秘色彩。村西南虎头山上，有奶奶庙一处，庙宇建于明朝，由三个庙院组成一个群体。奶奶庙是石木结构，整体古色古香，韵味十足。村东南凤凰山脚下，有建于明朝时期的凤凰寺（图3）一处，历经岁月变迁，凤凰寺在原有古老建筑的基

[图3] 凤凰寺

［图4］白龙庙

础上，又增建了部分现代建筑，形成了别具一格的寺庙群，宏伟壮观。其中，老建筑是石木结构，新建筑是砖木结构。

村子和凤凰山之间还有一座白龙庙（图4），它是明朝时期的建筑，距今已有600多年历史。庙宇全部由石头砌成，无梁无柱，在晋冀鲁豫地区独具一格，人称“无梁殿”。白龙庙一带地形复杂，地势险要，有两大山门，四周环绕着天然城墙。除此之外，附近还有一道自然形成的长达千米的石桥，以及错落分布的九大山头。九大山头酷似九大勇士守卫着白龙庙，拒来犯之敌于山外。这里易守难攻，自古以来就是军事战略要地。在共产党成立初期，白龙庙是早期革命领导人的主要活动地。刘少奇、邓小平、王维刚、纪德贵等都曾在此有过战斗和生活的经历。至今，白龙庙仍保留着刘少奇同志和邓小平同志工作和居住过的地方，以及六河沟煤矿党支部、磁漳中心县委在白龙庙创建的武装游击队授旗遗址等。如今，白龙庙已成为红色教育基地（图5），持续

[图5] 红色教育基地

发扬红色文化。

四、非物质文化遗产

同义村的非物质文化遗产很多,有传统戏剧、转灯、武术、剪纸、高跷等。村民通常会在业余时间或传统节日期间进行传承。

邯郸市磁县贾壁乡北贾壁村

一、村落概况

（一）基本情况

北贾壁村（图1）地处河北省磁县西部山区，距县城约40公

里。村子地势东南低、西北高。目前整个村落南北长1.35公里，东西宽1.17公里，占地面积约158公顷。北贾壁村历史悠久，文化底蕴深厚，名胜古迹遍布境内，不仅有保存完整的磁州窑遗址，还有省级爱国主义教育基地——磁县抗日民主县政府旧址和纪念馆等。2012年，北贾壁村被列入第一批中国传统村落名录。

[图1] 北贾壁村

（二）村落沿革

据《磁县县志》记载，北贾壁村始建于元代，距今700多年的历史。关于村名“贾壁”的由来，还流传着一个有趣的故事：相传汉光武帝刘秀走南阳时路过这里，看见一座石碑，走近发现碑面无字。刘秀说：“原来是座假碑。”后来建村时，人们取其谐音，命名为“贾壁”。虽然这一传说的时间早于建村时间，但它为村名的由来增添了一份神秘色彩。

据蔺氏族谱记载，该村蔺氏家族为赵国名相蔺相如的后裔。在明朝时期，为避兵乱，蔺皋父子四人迁居于此，生息繁衍至今。如今，北贾壁村现有6000余人，其中蔺氏后裔约有5000人。

北贾壁村有着光荣的革命历史。抗日战争时期，北贾壁村成立了华北地区最早的抗日民主县政府，为中国人民的解放事业做出了重要贡献。

二、选址格局

北贾壁村的民居多是依山而建，村中心最低处有一条河沟横穿全村，民居多沿河沟向两侧山坡分布。村东有凤凰山，村西有白龙垴，河谷与两侧山峦相呼应，给人们以“龙凤呈祥”之感。北贾壁村自南向北呈船形，村落称号“施锚口”因此而得名。

三、物质文化遗产

（一）古村落街巷风貌

村落有东、西、南、北四条主街（图2），街道主要以青石板

[图2] 村落街巷

铺砌。房屋建筑风格古朴凝重，保留了冀南地区传统建筑工艺。村庄周围森林茂密，景色宜人。

（二）传统民居

北贾壁村现有传统民居二百八十多处，大都保存完好，仍能居住。这些院落主要分布在村内古河道的东、西两侧，采用石、砖、木材料建造，多为冀南明清风格的建筑，以北方传统四合院格局为主。院落布局规整，宽敞明亮，通常由主房、厢房、门楼、院墙组成。

1. 吝祥川宅院

吝祥川宅院（图3）宽绰疏朗，四面房屋各自独立又彼此连接，起居十分方便。正门上方有门楼，院内分上下院，窗户均为拱形样式，都开向院落。院中的北房是正房，院子的两边建有东西厢房。

2. 王志科宅院

王志科宅院（图4）整体是一个两层小楼的四合院。四合院前

[图3] 吝祥川宅院

[图4] 王志科宅院

有一个拱形门，自成格局，形成一个外院，可种花、种菜。随后是正门，高约2米，门的上方有木制的“福满盈”门匾。院子的两侧建有东、西偏房，布局规整。目前，房屋破损严重。

3. 吝维生宅院

吝维生宅院（图5）位于北贾壁村西南角，建于明末清初。该建筑为石砖木结构，造型具有本地特色，风格古朴凝重。宅院有两重门，第一重门高约2.5米，门前有两层石阶，门内是一个8平方米左右的小院。随后是第二重门，自成格局，形成一个院落。目前，

[图5] 咎维生宅院

房屋破损严重。

4. 咎朝珍宅院

咎朝珍宅院（图6）门前一侧有小菜园，2.2米高的木制门前有三层台阶。门里有3米见方的过道，过道的尽头是一面石砌的影壁。院内有南、西、北三面房子，其中北房是正房。正房、偏房的窗均为拱形样式。正房侧面是一个后院，主要是储存粮食。

5. 咎增文宅院

咎增文宅院（图7）为典型的北方四合院布局，由东、西、南、北四面房子围合形成内院式住宅。院落宽绰疏朗，四面房屋各

[图6] 吝朝珍宅院

[图7] 吝增文宅院

自独立又彼此连接，起居十分方便。

6. 吝增武宅院

吝增武宅院（图8）为典型的北方四合院布局，由东、西、南、北四面房子围合而成。门檐由青瓦砌成，正门的上方有木制的“和为贵”字样匾额。目前，房屋破损严重。

7. 范存英宅院

范存英宅院（图9）的正门是约高2米的木制门，门口有20厘米高的门槛，两边有石座。院内西面有正房一间，北面有偏房一间。

[图8] 吝增武宅院

[图9] 范存英宅院

窗户结构为老式半圆形木制窗。房屋整个墙体由石、砖砌成。目前，房屋破损严重。

（三）公共建筑

北贾壁村公建设施较多，有关爷庙、抗日民主县政府旧址、龙凤山明堂、三节楼等。这些建筑多采用石、木、砖、瓦等材料，建筑细节上常见木制楼顶、飞檐、画梁和斗拱等。

1. 关爷庙

关爷庙（图10）位于北贾壁村南，建于明朝永乐年间，占地面积约为60平方米。有正殿一间，为传统的砖木结构建筑。正殿高6米，山墙正上方有精美石雕，装饰华丽。殿内关羽塑像居中，高2.5米，左有周仓，右有关平，墙上有描绘关公故事的重彩壁画。关爷庙现已重修。

2. 抗日民主县政府旧址

抗日民主县政府旧址（图11）位于北贾壁村中一座清末民初的四合院内。

[图10] 关爷庙

[图11] 抗日民主县政府旧址

3. 龙凤山明堂

龙凤山明堂（图12）始建于南北朝时期。它坐落于凤凰山双翅怀抱之中。龙虎守护，实为聚气之风水宝地。由于朝代的变迁，年久失修，仅剩残缺的几个石柱。1980年，有关部门出资，在旧址的基础上修缮了龙凤山明堂。现今龙凤山明堂坐北朝南，依山就势，分设四个台基，七层楼阁，高达45米，自然呈塔状。

4. 田裕民抗战纪念碑亭

田裕民抗战纪念碑亭位于北贾壁村西0.5公里处的水峪寺东南方。抗战时期，抗日民主县政府成立大会会址、八路军兵工厂旧址就在其附近。八角亭内矗立着一座高4米、宽1米的石碑。该碑亭现

[图12] 龙凤山明堂

保存完好，已被列入爱国主义教育基地。

5. 三节楼

三节楼位于村正中心的马鞍场内。三节楼因建筑的三层重檐而得名。台基边长10米，呈长方形，台高2米。台上建楼三层，面阔三间，因年久而损毁严重。民国时期，北贾壁村的村民进行了重新修缮。

（四）历史环境

1. 南大圈

南大圈建在北贾壁村南头的出水口处。跨拱东西长12米，拱高

7.5米，顶端中央部位有阁一座。

2. 北贾壁村河沟

北贾壁村河沟位于村中心，纵贯村南北，长约5公里，宽约10米。东汉时期，此地为一条湍流而下的河流，每到汛期，山洪顺流而下，两岸居民常常受到洪水的侵扰。到了隋朝，由于地壳的变动，上流河水改道，从此河沟干枯，但山洪暴发时，洪水仍旧泛滥，因此当政朝廷出资、出劳工，加固河沟两岸，使河沟变成防洪、泄洪的工具。直至今日，此河沟依然发挥着重要的防洪作用。

3. 漫水桥

漫水桥（图13）始建于清朝光绪二十年（1894年），距今已有100多年历史。漫水桥建在村中河道上，呈东西走向。桥面宽4米，

[图13] 漫水桥

长12米。桥共有五个桥孔，中间桥孔宽2.5米，两边的桥孔均匀分布。桥面有整齐的石板，石板与桥墩之间榫槽相接自成一体。每个桥墩的迎水面呈半圆形，可减小洪水的冲刷力。

4.磁州窑遗址

磁州窑遗址并不是指一个单一的地点，而是分布在多个区域的窑址群。磁州窑是我国北方最大的一个民窑体系，其窑址主要集中在河北省邯郸市的磁县和峰峰矿区一带。北贾壁村在宋朝时期开始建造磁州窑，持续至明清时期仍继续烧制，烧造历史悠久。

5.烈士纪念碑

烈士纪念碑（图14）位于北贾壁村南。抗日战争时期，抗日民主县政府成立大会会址、八路军兵工厂旧址就在其附近。该碑建于

[图14] 烈士纪念碑

抗战胜利之后，碑高4米，宽1米。碑的正面镌刻着北贾壁村的抗战历史和北贾壁村英烈的光荣事迹。目前，该碑保存完好。

6. 石拱桥

石拱桥（图15）采用天然石料建造，主要用于防洪和排水。石拱桥建于清朝光绪年间，已有100多年的历史。桥身仅有一个桥孔，桥侧雕有避水兽。桥长约5米，桥面宽约3米，桥面由数块大石铺成。石料各面凿有细密的斜纹，石块相互咬合紧，十分牢固。历经漫长岁月和无数次洪水的冲击，石拱桥却安然无恙，至今仍能使用。

[图15] 石拱桥

四、非物质文化遗产

北贾壁村非物质文化遗产丰富，既有深受村民喜爱的民间艺术，如秧歌、高跷、武术、戏剧、舞蹈、吹歌等，也有延续至今的传统工艺，如手工纺织、剪纸、泥塑、雕刻等，这些技艺延续至今，展现了该村深厚的文化底蕴。

每年农历七月初七的七夕庙会，十里八乡的群众都会赶来，据说这一庙会源于明代，历经600余年。数百年来，不论是在外务工的本村人，还是在本村定居的居民，每逢七月七日都会在村里集会，有时持续两三天，有时长达三五天。

石家庄井陉县宋古城村南城门

石家庄市
井陉县天长镇宋古城村

一、村落概况

（一）基本情况

宋古城村（图1）位于井陉县西部山区的天长镇，它由城内

村、东关村和北关村三个行政村组成。宋古城村和天长古城密不可分，实为一体。天长古城源自汉代的一个小村落，因坐落在天长岭脚下而得名“天长村”。隋朝时，由于其独特的战略位置，这里逐渐成为经济中心。唐代时，这里是军事重地。宋朝时，井陉县的治所迁至此处，因此得名“宋古城”。2012年，宋古城村被列入第一批中国传统村落名录。

[图1] 宋古城村

（二）村落沿革

宋古城村的历史可追溯至汉代，距今已有2200余年。早在公元前204年，韩信带兵伐赵时就曾屯兵于此。唐代在此置天长军时，村子已具有一定规模。宋代，井陉县治所迁至于此，该村随之不断发展。明洪武九年（1376年），井陉旧城城墙开始建造。明隆庆三年（1569年），为防水患，井陉旧城的城墙全部改砌成内土外石结构，并在东、南、西三门外增建了三个瓮城。由于井陉古驿道从当地通过，街道、店铺及居民住宅逐渐向东扩展，随后又沿着古驿道向北延伸。

二、选址格局

宋古城村选址考究，依山就势，背山面水。村落位于太行山口，自古交通便利，是兵家必争之地。绵河绕城自西向东而过，古城形如簸箕，易守难攻，因此有“簸箕城”之称。该村在东、南、西三面分别开有一座城门，分别为东门（东聚门）、南门（会源门）和西门（镇武门）。此外，在东南角还另建有一小南门。这四座城门中，除西门外，其余三座保存完好。小南门上建有观音阁。如今，宋古城村除城墙外，村内街道、民居、店铺等基本保持了原有格局。

三、物质文化遗产

城内村和东关村的传统建筑分布较为集中，北关村的传统建筑则相对较少，主要集中在北关大街，并以明清时期的古街和店铺为典型代表。

（一）古村落街巷风貌

宋古城内共有十六条古街巷（图2），至今其格局仍保持原样不变。大街主要有城内大街、东关大街、北关大街、南门街、城壕街等，其路面宽度在5米至7米。传统巷道很多，有卢家巷、台子巷、黄家巷、蔡家巷、毕家巷等。这些街巷形成了三纵（南门街、城壕街、北关大街）一横（城内大街与东关大街相连）的主干道和

［图2］村落街巷

鱼骨状巷道（台子巷、卢家巷、蔡家巷等）。

（二）传统民居

宋古城村的传统民居（图3）以典型的四合院为主，其布局严谨，院落较大。

1. 王家大院

王家大院（图4）始建于明末，历经清代、民国时期扩修，成为一组构思新颖、建筑考究、布局巧妙的大型古建筑群。大院占地15亩，共有房屋一百六十二间，由八个古院落、一处小花园和一座小礼堂组成，整体布局呈双“喜”字图案。从高耸的大门进入，廊

[图3] 传统民居

［图4］王家大院

柱引绕，门扉掩映，院与院之间又有大小门相连，每个小院都是别致的四合院。乾隆皇帝西巡时曾下榻于高堂院和穿堂院。从居中的主体庭院走过，可欣赏到遮屏式直柱畅檐大门和青砖碧瓦房舍，古朴而壮丽。王家大院是井陉县保存最完整的一处明清两代庭院式建筑群，现为河北省文物保护单位。

2. 霍都堂大院

霍都堂大院（图5）尽显官宦世家的严谨与气派。正房坐北朝南，规制严整，屋顶坡面平缓舒展，青瓦排列紧密有序。东西厢房对称而立。整个大院的砖石与雕刻相互映衬，相得益彰。

3. 许总兵府

许总兵府（图6）位于距东城门50米左右的商业区。许总兵名国壁，字完璞。其祖上原居井陉北部山区的洪河槽村，后迁至本县台头村。明万历年间，其父许自严入县学读书，遂迁至井陉城（天长）东关居住。许国壁自幼习文，后成为庠生（秀才）。他曾两次赴顺天府乡试，但均未中第，于是弃文习武。明崇祯十五年（1642年），

［图5］霍都堂大院

［图6］许总兵府

他中武举。明朝灭亡后，他被清廷任用，授绿营都司佥书，后升游击、副将，被清朝授予怀远将军。在清顺治、康熙年间，他先后立下十一次战功，后升任都督佥事，担任京师通州副总兵（相当于大军区副司令员），官秩正二品。清康熙十六年（1677年），许国壁在六十多岁时致仕（退休）。

许总兵府为明万历年间其父许自严任山西泽州陵川知县、陕西临洮府通判期间修建，清康熙年间扩建。府宅东西宽16.5米，南北长150米，占地面积2475平方米，共有房屋二百四十二间。府宅北临台子巷，依地势而建，北高南低。整个建筑群轴线明确，左右对称，建筑风格古朴典雅。砖雕、木雕、石刻工艺精美绝伦。垂花门两边蹲踞在石鼓之上的石狮，造型逼真、工艺精湛，为府宅增添了威严与华丽。

从临街的大门进入，由南向北穿敞厅，依次为白虎堂、木雕垂花门。院落随地势抬升，分为低、中、高三阶，共七进院落。北部高处有后门、花园等。这种递升的院落布局，令人感觉颇具升势。目前，许总兵府仅存部分建筑，包括一进院的敞厅及白虎堂、三进院的垂花门及东西配房、五进院的正房、六进院的正房及东西配房。

4. 右相府

右相府（图7）为明晋王府右相、中宪大夫李鸣世建造的府

［图7］右相府

第。李鸣世，井陉人，明隆庆丁卯举人，历任齐东、高密、金乡知县，升莒州知州。后为晋王府右相，进阶中宪大夫，秩正五品。古代有一条不成文的规矩：四品官以上的住宅称之为府，五品官以下的住宅称之为宅。右相府是李鸣世以其父李春芳正四品官阶建造的府第，而且建筑和陈设处处体现出一位武官的威严。右相府位于城内南门街东巷北侧，当时的右相府气势宏大，由三个主院落和其他附属建筑组成。正院东为管事房，西为客厅院。东西马道可达二门，碾坊、磨坊、水井俱全。主院的正厅分别被称为“白虎堂”“黑虎堂”“白虎厅”。可惜“黑虎堂”在日寇侵华时期被拆除，遗址尚在，现仅存其他附属建筑和客厅院一处。客厅院为砖瓦四合院，正房为廊柱前檐尖顶硬山式建筑，面阔18米，进深9米，其他三面房屋均为尖顶硬山式建筑。正房山墙的双鱼夺头砖雕，精湛工艺可见一斑，观此院落依稀可辨当时盛景。

5. 秀才院落

秀才院落（图8）内的建筑为砖木结构，部分地方已被翻修。大门位于宅院的东南角。正房设有前廊，厢房低于正房。

[图8] 秀才院落

[图9] 霍宅

6. 霍宅

霍宅（图9）保存情况较好，砖墙瓦顶，雕饰精美，部分门窗呈拱形。

7. 蔡家大院

蔡家大院（图10）是士绅蔡举人的宅第，位于城内大街西段南侧。它始建于清道光年间，历经不同年代的扩建，一直建到光绪年间。大院由多个玲珑典雅的小庭院组成，房舍交错，布局别具特色。

[图10] 蔡家大院

（三）公共建筑

1. 皆山书院

皆山书院（图11）始建于清乾隆四十二年（1777年），坐落在古城东门北侧，占地面积20亩。书院大门外两侧各置石狮一尊。大门为朱漆色，门两旁为倒座式街房，共五间。进入大门后，便是屏门，其为砖木结构，青瓦屋顶，前门后柱设有屏风遮掩。进入院内，迎面可见陉高第一任校长傅汝风的雕像。院内正房为正谊堂，

［图11］皆山书院

东西配房各四间，东侧为校长房屋，西侧为教授房屋。中院是一座二层硬山式小楼，面阔五间，楼下为诸生自修之所，楼上用于贮藏书籍。书院整体为五进院落，其中高院建筑最为精致。高院因地势高于前几院而得名。高院的砖砌门楼构置精巧，顶部铺设筒瓦，中置花脊。高院正房建于石台基上，为硬山布瓦花脊顶，是书院的讲堂。正房左右两侧各建有硬山式厢房四楹，作为士子寝室。

光绪二十九年（1903年），知县欧阳秀奉命将皆山书院改为高等小学堂。民国初年，又更名为井陉县立高级小学堂。如今，这里已成为天长镇小学，仍保存着旧貌，是一处较大规模的古建筑群。皆山书院现为河北省级文物保护单位。

2. 显圣寺

显圣寺（图12）位于古城北关，西依天长岭，东临绵河。该寺建于隋开皇年间，占地面积虽不大，但昔日殿宇辉煌，气势恢宏。从寺中出土的绿色琉璃建筑构件，可证其昔日的辉煌。显圣寺东侧临近绵河处，旧有建于金代的华塔一座，它与正定广惠寺华塔一样，属于国内罕见的古塔。昔日，以“临河倒影”之景被列入井陉八景之中，可惜此塔在1963年8月被洪水冲毁。显圣寺内的大部分建筑也在“文革”中被毁坏殆尽，如今仅存残破的大雄宝殿。

3. 城隍庙

城隍庙（图13）现为河北省重点文物保护单位。在我国古代，城隍庙供奉的是保一地平安的城市守护神。这些守护神肩负着庇佑百姓、鉴察民间善恶、处理诉讼及察举贤能的职责。自南北朝时期，城隍信仰逐渐兴起，到唐、宋时期，城隍庙的地位逐渐提升，香火愈发兴盛。

自宋熙宁八年（1075年）在天长镇建井陉县治，就建有城隍庙，并在之后历朝历代都有增建修缮。据史料记载，现存城隍庙遗址是明朝洪武年初重建，清道光年间曾进行过一次大修，建筑群落有序，自南向北依次为八字墙、照壁、牌坊、钟鼓二楼、戏

［图12］显圣寺

楼、东西亭房、大殿抱厦，以及东西配司和寝宫，共计五十二间房。正殿五楹，坐北朝南，斗拱飞檐，悬山式琉璃瓦顶。东西厢房十间对称建筑，皆树廊柱。

2002年以来庙内的主建筑全部进行了保护性修复，主殿城隍塑像威武森严，面涂赤金，两旁分列判官、无常、牛头、马面，一套完整的冥间官府正衙气派。配殿各路神仙的塑像也都栩栩如生，惟妙惟肖。

城隍庙戏楼（图14）坐南朝北，与正殿相对而建，砖木结构，

[图13] 城隍庙

琉璃瓦顶中央突出一个四角攒尖亭，四角的斗拱下，各雕刻有一头栩栩如生的大象，既起到了支撑作用，更让戏楼多了生动的气息。戏楼造型新颖别致，具有较高的建设艺术和观赏价值，素有“华北第一戏楼”之美称。

［图14］城隍庙戏楼

4. 玉峰山寺

玉峰山寺（图15）建于宋景德元年（1004年），主要供奉明灵王邳彤，又称“明灵王庙”。正殿坐北朝南，面阔五间，进深三间。建筑采用砖石木结构，屋顶为硬山筒瓦顶，有银锭式垂脊，正脊有望兽，五架梁前施单步梁，墀头有砖装饰，门窗木雕花饰精美。

[图15] 玉峰山寺

（四）历史环境

1. 护城河

护城河（图16）绕村而过，流经村子西、南、东三面。

2. 古城墙

宋古城村现存的古城墙（图17）始建于宋熙宁年间，初时以土筑成，周长三里二十步，高三丈五尺，厚度约为其高度的一半。现存的古城墙始建于明洪武九年（1376年），夯土成墙，周长为1500米，高11.6米，厚约4米。明嘉靖九年（1530年）土城墙被改筑为石城墙。城墙东、西、南三面为青石砌筑，内包土，并设有东、西、南三门。南城墙保存情况较好。北城墙为土筑。东门城楼已经被拆除。西城墙现存部分，高约6米，门券已塌毁，只余门边的砖洞壁，瓮城不存，只存瓮城南门。

3. 井陉窑遗址

宋古城村共有两处古瓷窑遗址，分别位于城内村和东关村。这两处遗址统称为井陉窑遗址，均为全国重点文物保护单位。宋古城

［图16］护城河

[图17] 古城墙

村的古瓷窑与邢窑、定窑、磁州窑并称为“河北四大古窑”。

4. 碑刻

宋古城村有石头碑刻共六块。其中，小南门上的观音阁有三块，分别是清道光、清同治、民国年间重修观音阁的碑刻；显圣寺内存有两块，分别是清顺治、民国年间重修显圣寺的碑刻；皆山书院内有一块，嵌于墙体中，为清光绪年间的碑刻。

5. 大石桥

大石桥（图18）又名逸仙桥，因纪念孙中山先生过井陉并在此访问而得名。大石桥横跨绵河，东接东关大街，西接石太公路，是城关地区沟通绵河两岸的主要通道，现为河北省重点文物保护单位。

大石桥始建于清乾隆四十五年（1780年），原为十二孔，长109米，宽6.4米，高8米，桥东西两端各置有一对高五尺的石雕狮子。桥身两侧为高三尺的青石板和石望柱，石望柱顶端分别雕刻有狮、猴、鹰等动物的雕像。这些石雕造型生动，线条流畅，或幼狮

[图18] 大石桥

趴在母狮肩头戏耍玩闹，或雄狮昂首怒视前方，或猕猴静坐若有所思，或苍鹰飞落捕捉白兔，神态各异，耐人玩味。雕刻风格或粗犷或细腻，但都形象逼真，惟妙惟肖，是清代雕刻艺术珍品。乾隆五十九年（1794年）、嘉庆六年（1801年）两次发大水，桥东部六孔先后被毁，仅余西部六孔。民国十八年（1929年）修复。1966年8月绵河暴涨，又将东端五孔冲毁，1967年修复，将冲毁六孔改为五孔，共为十一孔。西端六孔为清原建，中间一孔为民国新建，东段四孔为1967年新建。

大石桥距今已200多年，现仍是古城沟通绵河两岸的主要通道，而且一桥保持着三个历史时期的建筑风格，实属罕见。

四、非物质文化遗产

井陉地处东西交通要道，是北胡民族与汉族文化交流融合之地。来自西域的大量乐舞，都通过井陉古道的商贸往来、宗教传播等渠道传入中原，繁衍于社会生活的各个层面，为隋唐舞蹈进一步大融合、大发展提供了条件，同时也对后世乐舞的发展产生了深远影响。

天长镇北关一带的井陉拉花（图19）带有唐代胡舞的元素，尤其是抖肩、拉弓等动作与北方少数民族的摔跤、射箭等有着密切的关系。井陉拉花的服装，如腰带、靴子，也带有古代北方游牧民族的遗风。

井陉拉花常见于民间节日、祭祀、庆典、庙会之时的街头广场演出，它是河北省乃至全国久负盛名的民间舞种之一。2006年，井陉拉花经国务院批准列入第一批国家级非物质文化遗产名录。天长镇被命名为“井陉拉花基地”。

［图19］井陉拉花

石家庄市井陉县秀林镇南横口村

一、村落概况

（一）基本情况

南横口村（图1）隶属于石家庄市井陉县秀林镇。南横口村距

离井陉县城约8公里，距离石家庄市区约45公里。省道202（平涉线）南北向穿过村庄，石太铁路东西向穿过村域南部，并在东侧翟家庄村设站，交通位置优越。南横口村东为甘陶河，东行可至翟家庄，南、西与北秀林村、南张村相邻，西北为绵河，东、西、北三面环水，村域内有井陉窑遗址。

2022年5月，南横口村被评为第五批河北省历史文化名村；

[图1] 南横口村

2016年12月，南横口村被列入第四批中国传统村落名录；2022年10月，南横口村入选第四批全国乡村旅游重点村。2001年6月25日，井陉窑遗址被公布为第五批全国重点文物保护单位。2021年12月25日，井陉窑遗址入选“河北百年百项重要考古发现”名单。

（二）历史沿革

据兴善寺碑文记载，南横口村始建于西汉年间，至今已有2000余年。当地居民以马姓为主，因此村庄旧称“马家寨”。此外，村中还有吕、贾、李、谢、段、刘、卢、郝、陈、尹、武等姓，这些外姓多为来此烧窑的技术工人后代。因村庄坐落在绵河和甘陶河汇流处，两河互为纵横，故取名为横口。居住在绵河南岸的村庄称南横口村。

二、选址格局

南横口村地势南高北低，主要为台地和丘陵地貌。村落斜倚红岸山，东临甘陶河，北靠绵河，加上引自绵右渠的灌溉渠，使得全村坐拥千亩良田，生态环境得天独厚。村庄选址于绵河和甘陶河交汇处的西南丘陵上，体现了古人“临水而居”的思想。这样的选址，既避免了洪水的侵袭，又拥有了便利的生活用水和制陶用水，另外，古代生产的陶瓷也大多通过甘陶河—滹沱河水路运输。

村落分为东西两个片区，以平涉公路为界，东面为旧村区，西面为新村区。新村区于20世纪70年代开始建设，现在大多数家庭已搬入新村区。旧村区为传统民居聚集区，建筑多为砖石瓦土结构，民居基本保持了原样，目前只有少数村民居住在那里。

三、物质文化遗产

南横口村传统民居位于绵河南岸和甘陶河西岸一带。这里的民居大多建于明清时期，至今仍有上百个院落、千余间房屋，古风古貌依然保存完整。传统民居可划分为马家大院、南场、半坡儿、礼让街、古瓷窑遗址五大片区，较为完整的古民居有二十余家，包括马作霖、马济霖及其子嗣等的住所。这些民居依地形而建，错落有致，其砖雕、石雕各有特色，且每个院落生活设施齐全，布局合理，既实用又美观。

南横口村一带曾是井陉窑的主要窑址地，旧日村民多以烧制瓷器为业，村中因此有了无数废弃的匣钵，这些匣钵被村民广泛用于村落建筑之上，别具风格，成为一道独特风景。

（一）古村落街巷风貌

街巷（图2）均用花岗岩（当地称红石）铺成，道路高低不平，从南到北，蜿蜒数千米。小巷数十条，连接各家各户。各道口立有“泰山石敢当”，寓意吉祥。

[图2] 村落街巷

（二）传统建筑

1. 马家大院

马家大院是清道光至同治年间马席珍、马贡珍兄弟的宅院。马家大院参照京城四合院的建筑规制而建，分为南北两院，其建筑布局十分工整。

南院（图3）坐南面北，砖木结构，旧为“九进门”。南院总体分为主院和偏院两部分。自迎门楼进入长方形大院，这里旧为牲口卸货及外来、闲杂人等暂歇之地。门楼迎面为内院北厢房山墙，山墙建有影壁，影壁上部出檐，檐下有以砖雕砌建的斗拱四朵，斗拱下为土地祠龛。

北院的大门朝南，整体为坐北朝南的二进院落。前院为马家办理公事之所，后院为生活居住之地。北院东侧有三代帝王师祁寯藻题写的“孝悌忠恕”石刻匾，该匾目前仍镶嵌于书屋正门上方。

2. 西楼

西楼始建于清代，位于绵河南岸，坐西朝东。一楼南侧靠西位置设一个碗窑炉，北侧设有厕所。一楼还有数十平方米的工作间，用于产品包装。二楼为砖木结构，东墙设有窗户五个，西面有一门两窗。旧时，西楼的二楼是马清华办理业务与值班看护人员居住之地。

3. 拐角楼

拐角楼（图4）位于南横口村北，始建于清末，占地面积66平方米。整体建筑呈凹圆形，西、南、北三面环绕。拐角楼北边是老君神龛，东南是厕所和马圈。二楼西墙有窗户四个，东墙有门一个，内部被分为南北两室。拐角楼南侧是通往垴子街的坡道，人们可通过坡道进入二楼。

4. 庆源楼

庆源楼（图5）始建于明末清初，建筑面积约30平方米，坐落

[图3] 南院

[图4] 拐角楼

[图5] 庆源楼

于垴子街北。一层有拱券门一个，二楼东墙和北墙各有窗户两个。

5. 清德楼

清德楼（图6）建于清末民初，位于垴子街，坐西朝东，是马

[图6] 清德楼

清德的住宅。一层有两间房屋，均为拱券式结构。二层正面设有两个砖砌大拱券，南北两侧各有一个小拱券。清德楼是南横口村最高的标志性建筑，目前保存完整。

6. 马道楼

马道楼坐落在垴子街，是一座建于清末民初的二层小楼，整座建筑坐东朝西。它采用砖和笼盔砌墙，占地面积约30平方米。一层有房屋两间，二层有房屋五间。二层房屋中间设有一扇门，左右两侧各有两扇窗户，二层主要供长工居住。

7. 谢家楼

谢家楼坐落于甘陶河西岸，为清初建筑，是谢金牛家的宅院。一层和二层各有房屋三间。谢家在明代从磁州来到南横口从事陶瓷烧制，并在明末于南横口村落户。建房时，谢家把磁州炉渣建房技术传入南横口，此房一层是井陉县最早采用炉渣建房的。

8. 盔心楼

盔心楼坐落于甘陶河西岸，始建年代不详。该楼长7.5米，宽2.9米，一层为砖木结构，设有三间房屋，配有一门两窗。二层同样有三间房屋，也是一门两窗。二楼门窗为砖砌，其余利用残盔砌墙，因此得名“盔心楼”。它是南横口唯一利用残盔砌墙的建筑。

（三）公共建筑

关帝庙（图7）位于南横口村中部，面向石太线，临近甘陶河，占地面积66平方米。正殿宽4米，长6米。庙内墙壁上绘有“千里走单骑”“三顾茅庐”“单刀赴会”“桃园结义”等壁画，人物栩栩如生。

[图7] 关帝庙

（四）历史环境

1. 古磁窑

南横古口村古磁窑（图8）最早起源于隋代，根据发现的陶瓷碎片，经有关部门鉴定，属隋唐时期。南横口村陶瓷业在明清时期达到鼎盛，当时这里被称为“陉山磁场”。据记载，当时有窑炉近百座，产量庞大。在明代，南横口陶瓷曾作为贡品上供朝廷。到了清代，这里开始生产青花瓷和窑变产品，其中窑变产品还曾作为贡品呈献给光绪皇帝。

2. 正太铁路遗址

正太铁路始建于清光绪二十九年（1903年），由法国人建造，清光绪三十二年（1906年）竣工通车，民国三十二年（1943年）停止运行。从翟家庄铁路工区至甘绵二河交汇处，曾建造过一座铁桥，如今铁桥已无存，仅剩下一节石礅残段。正太铁路遗址沿线的路基护坡、过水涵洞和车站仍残存可见。其中，售票处（图9）保存较为完好，全部由青石砌成，做工精细，门窗规整，地面平整。

3. 古墓群

古墓群位于南横口村西南丘陵上。20世纪70年代至80年代，村民在建房时陆续发现了数座古墓。丘陵东南一带多为战国墓，西北方向多为汉墓，尤以东汉砖室墓为多，且汉墓多深埋于地下。

[图8] 古磁窑

[图9] 售票处

4. 龙山、先商文化遗址

1989年，河北省文物复查队在南横口村西的杨树岭丘陵上发现了一处遗址，面积约1.2万平方米。该遗址包含龙山文化和先商文化。遗址中的磨光黑陶、鸡冠形板耳陶、绳纹灰陶及高柄陶豆等属龙山文化遗产，而夹砂细绳纹红陶、夹砂绳纹黑陶蛋形瓮等则具有明显的先商文化特征。该遗址距今年代约4000—3600年。

5. 古煤矿遗址

古煤矿遗址位于南横口村西北的窑圪锥地。古时开煤矿，具体年代不详。现存煤矿废弃物一堆，形如小山丘，故名窑圪锥地。

四、非物质文化遗产

（一）霸王鞭

霸王鞭（图10）是一种富有农村气息的舞蹈表演，通常由20至40名男女队员组成。队员们手持一根长约一米的霸王鞭，鞭的两头

［图10］霸王鞭

绑有红布条，边走边舞。这种表演形式常用于庆祝活动。

（二）扛舞

扛舞由两人组成一组，每六组形成一个队。表演时，中间放置一个木箱，箱子的两头伸出两个木杠，两人用肩膀扛起木杠，随着行走路线舞动。

大好河山
大境門

张家口明长城著名关隘——大境门

张家口市怀来县鸡鸣驿乡鸡鸣驿村

一、村落概况

（一）基本情况

鸡鸣驿村（图1）位于洋河北岸的鸡鸣山下，地处怀涿盆地西部边缘，地势呈东北高、西南低的态势。该村是鸡鸣驿乡政府的驻地。目前整个村落南北长约1400米，东西长约1500米，占地约210

公顷。

截至2021年底统计，目前全村户籍人口5091人，常住人口1780人，主要居住民族是汉族，主要种植农作物有玉米、谷子等。1982年鸡鸣驿村被列为河北省重点文物保护单位，2001年鸡鸣驿村被国务院公布为全国重点文物保护单位，2005年11月鸡鸣驿村入选第二批中国历史文化名村，2012年12月17日鸡鸣驿村被列入第一批传统村落名录。鸡鸣驿是全国现存规模最大、功能最完好的古驿站，在中国邮政史上具有独特的地位。

[图1] 鸡鸣驿村

（二）村落沿革

元朝时期，鸡鸣驿这个地方设立了“府邸店”。明永乐十八年（1420年），为传递西北军情信息，特别是因对蒙古各部作战需要，朝廷在此增设了驿站。驿站名称因鸡鸣山而得名。次年（1421年）因防御之需扩筑土垣约两公里。鸡鸣山驿站遂成为宣府进京途中最大的军邮驿站。嘉靖四十二年（1563年）秋，“敌诡计钩垣，将城攻坏”，人们重新修葺了城墙，并在城东筑护城坝一道。1914年，北洋政府做出“裁汰驿站，开办邮政”的决定，撤销了全国驿站。拥有400多年历史的鸡鸣山驿站结束了它的使命。

二、选址格局

鸡鸣驿村内有古城，称鸡鸣驿古城（图2），其平面近似正方

[图2] 鸡鸣驿古城

形，边长约460米，城墙高约11米，城墙四周各分布着一个角台。古城东西各开一城门。鸡鸣驿古城没有做中轴对称设计，连接东西城门的前街位于城南（距南墙约70米，距北墙约380米）。南墙外是秦时称为“直道”、汉时称为“古北平西北干路”、明清时称为“官道”的古代驿路。而城的东、西门也随着驿道趋势倾斜，驿城的东城门向东北方向倾斜30度，西城门向西南方向倾斜30度，两者位置并不对称。连接两座城门的前街也并不笔直，而是有点曲折，大致形成了“Z”形，由此减弱了强烈的西北风对街道的侵蚀和影响，设计得非常合理。

三、物质文化遗产

城内保存有明清时期的驿丞署、指挥署、公馆院（驿馆）、大号（驿站换马处）、军号（军站换马处）、戏楼、灯盏楼、古城墙、古民居等。城内的庙宇宫祠有文昌宫、七贤祠、普渡寺、龙神庙、白衣观音殿、财神庙、三义庙、马神庙、城隍庙、关帝庙、泰山行宫、永宁寺、五道庙、玉皇阁、魁星楼等。其中永宁寺为驿城中现存最早的建筑，距今已有1000多年历史。文昌宫、龙神庙、泰山行宫、永宁寺、财神庙、城隍庙内均绘有壁画。

（一）古村落街巷风貌

城内的主要道路可用“三横两纵一环”来描述，“三横”分别指前街（图3）、二道街和后街，“两纵”指的是东街和西街，“一环”指的是紧靠城墙内侧宽约5米的环城道。东西走向的前街区域主要是军政管理和商业服务区，南北走向的西街区域是驿站的核心设施区，东北为驿仓区，正北为驿学区，宗教建筑则遍布全城。“三横两纵”的五条街道将城区分成大小不等的十二个区域。

[图3] 前街

（二）传统民居

古城内的贺家大院（图4）建于明代，它是清康熙三十五年（1696年）以前驿城内最高军事长官的驻地，也是整个驿城规格最高的古建筑。八国联军进犯北京时，贺家大院曾作为慈禧太后和光绪皇帝的临时住所。如今贺家大院二进院山墙上还留有砖刻的“鸿禧接福”四个楷书大字。其建筑为砖木结构、硬山筒瓦顶，设计考究，雕饰精美，古色古香。大院原为五进连环院，每座院落有正房三间，耳房两间。

[图4] 贺家大院

（三）公共建筑

1. 城隍庙

城隍庙位于驿城的西南角，规模较大。庙宇背南面北，设有大门、二门两道门，大门之前建有大台阶。城隍庙的正殿为硬山筒瓦顶，东、西配房为单坡屋顶。城隍庙南部为庙园，最南有戏台一座。

2. 财神庙

财神庙（图5）位于前街西端路北，为砖木结构、硬山筒瓦

[图5] 财神庙

顶。财神庙是两进院落，前为财神庙，后为三义庙。庙前设门楼，外悬“财神庙”匾额，内悬“异姓同心”匾额。财神殿明间高挂“钱同人性”匾额。财神殿内供奉三位财神。殿内西侧山墙留有彩色壁画，这些壁画内容丰富，色彩鲜艳，笔触细腻。

3. 文昌宫

文昌宫（图6）格局严谨，有山门、正殿、斋堂、七贤祠等建筑。现存清道光年间的《重建鸡鸣驿文昌宫碑记》详细记载了当时

[图6] 文昌宫

的重修情况："惟是文昌宫，自乾隆壬辰（乾隆三十七年，1772年）至道光戊戌（道光十八年，1838年），历六十有六年矣，垣墙颓败，金丹剥落……正殿东西寿堂，廓旧基而新之，添建抱厦一间……"

4. 指挥署

指挥署位于前街北侧，为清代驿城内最高军事指挥长官的驻地，有多进院落。《宣化府志》载："鸡鸣驿把总署，在本驿堡内，旧守备署改建。"

5. 驿城署

驿城署（图7）为明代建筑。清康熙三十五年（1696年）后，这里成为驿城最高官员驿丞的办公场所。其建筑为砖木结构、硬山筒瓦顶，有两进院落，前殿后宅，并建有后花园。

6. 龙王庙

龙王庙（图8）有正殿三间，为砖木结构、硬山筒瓦顶，正殿及两侧耳房建在台基之上。

7. 泰山行宫

泰山行宫（图9）又名"泰山庙"，规模较大，主要用于祭祀

[图7] 驿城署

[图8] 龙王庙

[图9] 泰山行宫

东岳泰山天仙玉女碧霞元君。其内部建筑为砖木结构，硬山筒瓦顶。庙中有三间正殿，正殿前出抱厦，正殿左右两侧设有耳房，东西设配殿，门楼与正殿坐落在同一轴线上。正殿内有48幅彩绘连环壁画，色泽明艳，人物生动，每幅图都配有简短上口的文字。庙南隔街设庙园。

（四）历史环境

鸡鸣驿村的城墙（图10）高约11米，四面城墙环绕的周长约

［图10］古城墙

为2330米，城墙是用黄土夯成，土墙表面是用砖砌筑的。东西两门上建有城门楼，与高大的城墙相得益彰，整体呈现出威武而壮观的景象。

四、非物质文化遗产

鸡鸣驿的村民构成主要有以下几种：明代以前的原居民后裔、明代几次的移民后裔、明清驿站解雇的驿卒后裔，以及1952年官厅水库移民和改革开放后的外来人口。这里是一个多种语言、习俗和文化相互交融的地方，这些元素的融合逐渐孕育出独具特色的鸡鸣驿文化。这里的传统文化很大程度体现在古建筑上，如墙面上有“代代封侯”“状元夸街”“鸿禧接福”“五福捧寿”等吉祥文字砖雕（图11）；隔扇上有“梅兰松竹”“琴棋书画”等木雕；庙宇内有《三国演义》《西游记》《泰山奶奶本生图》壁画。大街上各个时期留下的标语和戏台上早年戏班演出的题榜清晰可见。乡里每年有三四十场大戏上演（图12），这些都对当地传统文化的传承、繁荣和发展具有重要意义。

［图 11］砖雕

［图 12］民俗表演

张家口市蔚县南留庄镇南留庄村

一、村落概况

（一）基本情况

南留庄村（图1）距蔚县县城12.5公里，东与涌泉庄乡为邻，

南与暖泉镇相连，西与山西省广灵县相接，西北与阳眷镇毗邻，北与白草村乡接壤。南留庄镇政府的驻地也在此。这里交通便利，市井繁荣，户籍人口5016人，常住人口12000余人。全村总面积291公顷，其中耕地面积242公顷。南留庄村历史悠久，文化底蕴深厚，2007年被评为河北省历史文化名村，2012年12月17日被列入第一批中国传统村落名录，2019年1月被评为第七批中国历史文化名村。

［图1］南留庄村

（二）村落沿革

南留庄位于壶流河谷地上游。壶流河谷地发现了众多旧石器时代的遗址，由此推测，最晚在东周时期就已有人类在这一带生息定居。据《蔚州志》记载，1500多年前（北魏太和年间），古堡西北约200米处曾有一小村，仅住蒋、王二户，至今还留有残墙断壁。明永乐元年，保定顺平门姓人家流落到现今的南留庄村定居，因门姓人家由关南而来，故将此地取名为“南留庄”。如今，南留庄90%的村民都姓门。

二、选址格局

南留庄村内有古堡，古堡随地势建造，西北高，东南低。建于清嘉庆年间的东、西堡门——定远门、宁远门与四周堡墙形成“穿心堡”空间布局。明代规划的“丰字形路网格局延续至今，东西三道街，南北六道巷”。

三、物质文化遗产

南留庄村的建筑为典型的冀西北古建筑。现存建筑大多为清代和民国时期建造，建筑类型较多，代表性的有：门家九连环大院、文武学堂、戏楼、庙宇、店铺、堡门等。

（一）传统民居

村内传统民居（图2）一般为两进院或三进院的四合院，平面为长方形。建筑多采用抬梁或穿斗式构架，以青砖包土坏作墙

[图2] 传统民居

[图3] 门家九连环大院

体。建筑装饰以砖雕为主，较多地体现在墀头、山面博风板、照壁等部位。

门家九连环大院（图3）分属门姓三大户，是北方民居的代表性建筑，占地面积为5333平方米，规模宏大。门家九连环大院沿正街共有六个出入口，沿北街另有三个出入口，共十八个院落，二百二十多间房屋。正院携偏院，天井连天井，堂屋护耳房。屋前有廊，步移景异，多个院落相互贯通，形成一个整体。每进院落都有一座富丽堂皇的门楼，每座门楼上都挂有横匾，横匾内容各异，彰显着这个院落的荣耀。住宅的大门则按照大小等级分为广亮大门、金柱大门、蛮子门、如意门和随墙门等。广亮大门安装在门楼正脊之下，级别最高，最为宽敞。大院的主要房屋或为硬山顶，或为卷棚硬山顶。大院内随处可见做工考究的砖雕或木雕装饰。

（二）公共建筑

古堡现存大量古建筑，主要有古堡堡门、真武庙、关帝庙、泰山庙及古堡戏楼等。

1. 古堡堡门

东、西堡门（图4、图5）建于清朝嘉庆年间，东、西堡门上分

[图4] 东堡门

[图5] 西堡门

别书有“定安门”和“宁远门”几个字。

2. 真武庙

真武庙（图6）坐落于北堡墙垣上，为南留庄古堡的最高建筑，是整个村堡的制高点，能够在出现敌情时起到瞭望与守卫的作用。真武庙始建于明朝，清朝时重修。沿北堡墙的砖石台阶拾级而上，经硬山顶门楼到达真武庙。真武庙门楼两侧分别设有钟鼓楼。真武庙为硬山筒瓦顶，正脊两端有脊兽，砖、木、石雕饰做工精美，庙内壁画绘有人物、草木等内容。

[图6] 真武庙

3. 关帝庙

关帝庙（图7）建于古堡西堡墙垣上，为明代建筑，建筑面积264平方米，由正殿、献殿、戏殿、钟鼓楼等组成。关帝庙亦有真武庙之单檐飞翅、硬山布瓦顶。此外建筑的砖、木、石雕饰精致，彩绘精美。庙内供奉关帝，庙前竖两根旗杆，庙门两侧横卧着一对雌雄石狮。

4. 泰山庙

泰山庙（图8）坐落于南留庄古堡东部堡墙外约3米高的砖砌高

[图7] 关帝庙

[图8] 泰山庙

台之上，为明嘉靖二十三年（1544年）建造。该建筑是村里占地面积最大的一座庙宇，建筑面积达442.2平方米，现存完好房间十二间。正殿内供奉着泰山老母和四大天王，东西配殿内有十殿阎君雕像。各殿、禅房均为砖木结构、硬山琉璃筒瓦顶，建筑细节处有精美的砖、木、石雕及油饰彩绘。庙前有一座坐南朝北的戏楼，戏楼两侧各种植一棵平顶油松。

5. 戏楼

南留庄古堡现存两座戏楼（图9）。其中一座位于泰山庙前，

[图9] 戏楼

另一座则建于门家大院中轴线上主宅院正房背面。门家大院戏楼所处位置地势平坦，较主宅院高出两步青石台阶。最为独特的是，这座戏楼亦可作为通往门家大院后院的过廊。戏台北、西、东三面无墙，戏楼屋顶由南墙及明柱支撑。戏楼屋顶为卷棚顶，上饰脊兽。

四、非物质文化遗产

传统风味小吃有五香豆腐干、土豆粉条、豆面粉坨、荞面饸饹、小米煎饼等。戏曲有山西晋剧、河北梆子等。民俗表演有秧歌、打树花、活马、旱船、独杆轿、牛斗虎、拐子队等二十多个种类。

张家口市蔚县南留庄镇水东堡村

一、村落概况

（一）基本情况

水东堡村（图1）地处蔚县西北，是南留庄镇最东端的一个古

村落，东与涌泉乡相接，西与水西堡相连，北与回回墓村相邻，南面孟涞线穿村而过。村域面积约140公顷，其中耕地面积约100公顷。全村213户，670人。主要种植玉米、谷黍、山药等农作物。2013年8月26日，水东堡村被列入第二批中国传统村落名录。2018年，水东堡建筑群被列入河北省第六批省级文物保护单位。

[图1] 水东堡村

（二）村落沿革

水东堡村始建于明朝末年。当时，有一位刘姓人家逃荒来到这里，从此在这里繁衍生息，逐渐形成村落。村庄主体形状为堡，四面建有堡墙，因为村后有一条常年有水的水涧子，故得名为水涧子堡，后改名为西小堡。后来堡内人丁兴旺，人多堡小，人们外迁建起了现在的水西堡。再后来，两堡人口繁衍众多，难以容纳，人们又在现水西堡的东北建起了东堡。这三座堡呈“品”字形格局，具有攻守兼备的特点。新中国成立后，东堡改名为水东堡村，西边两个堡合并为水西堡村。如今，水东堡村以刘姓为主，占全村姓氏的90%。

二、选址格局

水东堡村地势北高南低，村内古堡宽109米，长114米，规模较小。古堡四周为黄土夯成的城墙，南堡门是古堡的唯一出入口，南北方向由一条主街连通，东西方向有三条巷子，街巷呈“丰”字形布局。这种对称的布局体现了明清时期北方防御性村落的典型特征。随着人口增多，堡外东、西两侧亦有人盖房居住，形成了既有堡又有庄的村落格局。

三、物质文化遗产

水东堡村的物质文化遗产包括传统民居与公共建筑，目前保存较为完整的建筑主要有南堡门、真武庙、观音庙、龙王庙、财神庙、马王庙、老爷庙（关公庙）、戏楼等。

（一）传统民居

水东堡村民居（图2）多为四合院，布局严谨，构思精巧，匠心独运。房屋为砖木结构或土木结构。从为数不多的砖木结构房屋来看，这里的建筑青砖灰瓦，砖雕木刻颇为讲究。这些房屋虽历经百年，至今仍古貌犹存。

[图2] 传统民居

（二）公共建筑

1. 南堡门

南堡门（图3）建于清同治年间，堡门西侧设一小门，进入小门经数十级砖砌台阶，可径直登上堡门楼。堡门楼下方为砖石拱券门洞，堡门洞正上方镶嵌着一块长方形石匾，镌刻有四个楷书大字“水涧子堡”。门洞面向堡内一方的石匾上刻有“永顺门”三个字。堡门楼为硬山筒瓦顶，正脊两端有脊兽。堡门楼面阔三间，进深两间，中间有一面墙，将其分为南、北两部分，朝南是文昌阁，朝北是魁星阁。堡门楼的东、西两侧设悬山式钟、鼓楼，西面为鼓楼，东面为钟楼。据说，钟楼的大铁钟原件已在20世纪50年代大炼钢铁时被毁坏，现在的是一件仿制品。

2. 真武庙

真武庙（图4）建于清乾隆五十一年（1786年），庙宇立在一个高台上，坐北朝南。高台由砖砌筑，呈上窄下宽形状。高台上方砖砌花围墙，正后方建一单间真武庙。真武庙为硬山筒瓦顶，檐下

［图3］南堡门

[图4] 真武庙

施彩绘。庙内有真武大帝塑像，墙上有彩绘壁画，庙外立有石碑。高台南部东西两边各建一座小角楼，由木柱支撑，为双坡筒瓦顶。

3. 观音庙

水东堡门外建有观音庙（图5），庙宇坐南朝北，背面是龙王庙。观音庙为硬山筒瓦顶，正脊两端有脊兽。庙宇面阔三间，中间墙上有观音菩萨画像，两侧山墙上有彩色壁画。殿外配有东、西两座角楼，观音庙院子中间开正门。

4. 龙王庙

观音庙的背面为龙王庙（图6），两者只有一墙之隔，面阔、进深全部相同。龙王庙坐北朝南，庙内北墙和山墙上绘有彩色壁画，屋顶正脊上配有飞龙走兽，与观音庙一起形成了“内看两座庙，外看一座殿”的格局。

[图5] 观音庙

5. 财神庙、马王庙、老爷庙

堡门外东侧是由财神庙、马王庙、老爷庙三庙（图7）合成的一座大庙。寺庙外看是一座庙，有砖砌墙围着，中间开一正门。主建筑面阔三间，进深一间。庙内有塑像，墙上有彩绘壁画。

6. 戏楼

戏楼（图8）位于堡门外西侧，紧邻堡墙处。戏楼坐西向东，建在砖砌基座之上。屋顶为卷棚硬山筒瓦顶。戏楼面阔三间，进深两间。前后台以全木柱及木隔扇隔开，木隔扇北侧开一小门供演员出入。梁架及隔板上有彩绘。

戏楼的北面有堡墙挡风，南面是民房，东面是财神庙、马王庙、老爷庙。这样的布局既遵循了古人戏楼与庙宇相对的惯例，又实现了四面挡风。

[图6] 龙王庙

[图7] 财神庙、马王庙、老爷庙

[图8] 戏楼

（三）历史环境

村民纪念碑（图9）位于村庄西部，用于纪念逝去的村民。

[图9] 村民纪念碑

张家口市蔚县南留庄镇水西堡村

一、村落概况

（一）基本情况

水西堡村（图1）位于蔚县县城西北部，北与单侯村相接，西

与白河东村接壤，南临省道下广线，东与水东堡村接壤。全村现有人口735人，古堡内现住45户（182人）。2013年，水西堡村被列入第二批中国传统村落名录。2018年，水西堡村建筑群被列入河北省第六批省级文物保护单位。2019年1月，水西堡村被住房和城乡建设部、国家文物局评为第七批中国历史文化名村。

[图1] 水西堡村

（二）村落沿革

水西堡村始建于明朝末年。当时，有一位刘姓人家逃荒来到这里，从此在这里繁衍生息，逐渐形成村落。村庄主体形状为堡，四面建有堡墙，因为村后有一条常年有水的水涧子，故得名为水涧子堡，后改名为西小堡。后来堡内人丁兴旺，人多堡小，人们外迁建起了现在的水西堡。再后来，两堡人口繁衍众多，难以容纳，人们又在现水西堡的东北建起了东堡。这三个堡呈“品”字形格局，具有攻守兼备的特点。新中国成立后，东堡改名为水东堡村，西边两个堡合并为水西堡村。

二、选址格局

水西堡村的古堡地处丘陵地带，地势西高东低，北高南低。水西堡村内的古堡平面呈矩形，南北长180米，东西宽140米。有南北主街道一条，东西街巷三条，巷内民居划分为整齐的六片。古堡建有南北两座堡门，南北两门矗立在一条直线上，相对而建，遥相呼应，形成了蔚县独特的“穿心堡”格局。这种布局使得村里形成了一种特有的风俗，南堡门为喜门，北堡门为丧门，娶媳妇从南门进，而办丧事则从北门出。随着人口增多，人们又在堡外东南两侧盖房居住，形成了既有堡又有庄的村落格局。

三、物质文化遗产

古堡内的古宅均为砖瓦结构，保存完整的有三十八处。古堡内有较大的连环套院三处，古寺庙三座，古戏楼一座。

（一）传统民居

堡内传统民居（图2）大多建于明末清初，这些古建筑主要坐落于主街两侧，并且散落在整个古堡的各个区域。水西堡村的传统民居有一大特色，正房一般为梳背子房，前后出水，而东西厢房则为一出水。

[图2] 传统民居

1. 董国安故居

董国安故居（图3）是村内保存较为完好的一座明清四合院之一。这座民居的门楼高大，院落宽敞。院内保留着一块接圣旨的跪拜石，经过岁月的打磨，跪拜石表面光滑如镜，这彰显了家族曾经的显赫历史。

2. 王怀雨民居

王怀雨民居（图4）为单层建筑，大门建有门楼，院落地面铺

[图3] 董国安故居

[图4] 王怀雨民居

有青砖，屋顶为卷棚筒瓦顶。这座民居是典型的清代建筑，内部设有居室、仓库、伙房等功能用房。

（二）公共建筑

1. 南堡门

南堡门（图5）分上下两部分。下半部分为砖券门，门洞上方的石匾上雕刻着“水涧子堡”。上半部分居中的是文昌阁和观音殿，朝南一侧为文昌阁，朝北一侧为观音殿；东西两端分别是钟楼和鼓楼。文昌阁内有文曲星壁画，观音殿内有观音塑像和十八罗汉塑像，两侧墙壁上均绘有十殿阎君壁画。

[图5] 南堡门

2. 北堡门

北堡门（图6）为明万历十三年（1585年）所建，清乾隆十三年(1748年)翻修。堡门门洞宽2.8米，高3米，门洞上部嵌一石匾。堡门上建有三官庙，内有天官、地官、水官壁画。

3. 戏楼

戏楼（图7）位于南堡门外20米处，坐南朝北，是蔚县古堡中常见的建筑类型。这座单层戏楼与关帝庙遥相呼应，是古堡的重要组成部分。它是砖木结构，青砖筒瓦卷棚顶，具有明代建筑遗风。

4. 关帝庙

关帝庙（图8）位于北堡门外10米处。关帝庙的大门为随墙门，门上置有双坡筒瓦顶。正殿坐北朝南，面阔三间，为硬山筒瓦

[图6] 北堡门

[图7] 戏楼

[图8] 关帝庙

顶，正脊两端装饰有脊兽，建筑细部雕刻精美。

（三）历史环境

位于北堡门上石碑，上面记载着古堡的建成年代。石碑上雕刻精美，碑文则是由增广生员庞怀珍书写。

张家口市蔚县南留庄镇白后堡村

一、村落概况

（一）基本情况

白后堡村（图1）位于蔚县西北，距县城10公里，南邻暖泉古镇，西距南留庄镇3.2公里。省道S342横贯村庄南部，交通便利。

全村336户，1268人，均为汉族。2014年，白后堡村被列入第三批中国传统村落名录。2022年，白后堡村被评为第五批河北省历史文化名村。

（二）村落沿革

八百多年前，此地始有一村，名为白家庄。辽金时期，村北建

［图1］白后堡村

起第一个堡子，取名白家庄后堡，简称“白后堡”。此后陆续在原来的村东、村南、村中等又相继建立起五个堡子（分别为白河东堡、白南场堡、白南堡、白宁堡、白中堡）。六个堡子形成“连环堡”布局，构建起“一处起火，四方来灭；一堡有事，四方接应”的联防体系。这种布局在明清时期蔚县村堡中较为典型，体现了战乱年代村民的自保智慧。

二、选址格局

白后堡村地势北高南低，西高东低。村外东、北、西三面沙河环绕，兼具自然防御与风水美学。白后堡村由新村和旧堡组成，新村位于旧堡西北和西南方向。旧堡由前堡和后堡组成，前堡较小，堡墙围合成东西长约120米、南北宽约120米的正方形庄堡，堡内道路呈“三横一纵”的“王”字形格局；后堡堡墙围合成东西长约280米、南北宽约220米的长方形庄堡，堡内主街道以一座砖雕照壁分隔，照壁南侧街道呈“王”字形，北侧街道呈“土”字形。

三、物质文化遗产

（一）传统民居

旧堡内的传统民居共二十余处，占地面积约为5000平方米。院落以两进院或小型套院为主，院落南侧或东南侧一般设大门，大门两侧或西侧设倒座房。进入二门后是住宅主院，正房多为五间，东西厢房三至五间不等。

1. 苏稳全民居

苏稳全民居（图2）位于堡门前街西巷内，为两进院落，占地面积426平方米，内外两进院落之间有木结构门楼一座，为悬山

[图2] 苏稳全民居

顶。大门门楼为双坡硬山顶，门楼上保存有较为完整的榫卯结构和雕刻精美的木雕装饰。院落正房为卷棚屋顶，厢房为单坡屋顶。

2. 苏肥民居

苏肥民居（图3）位于堡门前街西巷内，为两进四合院，占地面积395平方米。两进院落之间的砖砌门楼保存完好，为双坡硬山

[图3] 苏肥民居

顶。正房为卷棚屋顶，厢房为单坡屋顶。正房和东厢房之间保存有一眼石砌古井，一旁墙壁上有供奉井神的砖雕壁龛。

（二）公共建筑

白后堡村的公共建筑种类丰富多样，其中真武庙、永镇门、皮影戏台、慈严寺等建筑各具特色。

1. 真武庙

真武庙（图4）位于旧堡西北方向，与堡门相对。真武庙主建筑立于北侧高台之上，台高近9米，台前为四十余级砖石台阶。真武庙的正殿有三间，正殿内两侧山墙上的壁画由72幅图构成，反映的是真武从人修炼成神的过程。图画色彩鲜艳，人物刻画细腻，具有较高的艺术价值，但因年久失修，壁画脱落严重，亟待保护。

[图4] 真武庙

庙前有明代嘉靖年间的“吞海”石碑及四角凉亭，山门旁还有一口明万历年间的古井“三蟠龙泉”。这口井水质甘洌，既具有重要的历史意义，也具有实用价值。

2. 永镇门

永镇门（图5）是明代建筑，位于村堡南侧。其门楼高大，门洞上方的石匾上刻有“永镇门”三字，象征着村民对和平生活的祈

[图5] 永镇门

愿。门楼上建有隔扇庙，南祀观音，北奉关帝，这种布局巧妙地融合了佛教与民间信仰。永镇门的堡门为砖砌拱形门，墙体自下至上略有收分，沿堡墙还设有更道。堡门外侧砖壁上有门簪、垂花柱、匾额、枋、斗拱、椽等砖雕仿木构件及各种装饰纹样。

3. 皮影戏台

皮影戏台（图6）又称灯影台，位于白后堡村永镇门前。戏台始建于清朝，占地面积为45平方米，砖木结构。其主体结构保存完好，屋顶为卷棚硬山筒瓦顶。

4. 慈严寺

慈严寺（图7）位于村庄南部，始建于明朝，占地面积为1375平方米。现存建筑群被正殿分为东西两个院落。正殿建于高台之上，为三开间双坡硬山顶带廊式建筑。寺内其余建筑多为双坡硬山顶，整体为砖木结构。

［图6］皮影戏台

[图7] 慈严寺

（三）历史环境

村内现存的建筑遗存有堡墙、天桥、照壁、古井、告示亭、古树等，其中古井三十口、告示亭一处、古树两棵（分别是800年的古柏与280年的古柳）。

1. 堡墙

白后堡村的古堡按照阴阳五行的传统思想建造，前堡较小，后堡较大，前后堡依靠堡墙分隔。两个堡墙（图8）之间只有一路之隔，目前堡墙已经破损。

2. 天桥

天桥（图9）位于村庄南侧的慈严寺内，在玉皇阁建筑的正前方，桥宽约1米，现损毁严重，但仍可通行。天桥由灰砖砌成，两侧有护栏，左侧为八级台阶，台阶两侧有斜坡，右侧向上的第一个

［图8］ 堡墙

台阶刻有双龙戏珠图案。

3. 照壁

堡内有多处照壁，通常位于宅院门前或街巷尽头，既起到阻挡视线、美化环境的作用，也具有一定的风水意义。这些照壁大多采用砖雕工艺，上面雕刻着花卉、动物、人物等精美图案，工艺精湛，具有较高的艺术价值。

玉皇阁

［图 9］ 天桥

四、非物质文化遗产

（一）拜灯仙

拜灯仙（图10）至今已有300多年历史，这一古老的民俗文化活动一直在白后堡村传承。每年的农历正月十四、十五、十六日为“拜灯仙”日。村里的老艺人们会提前将720个小灯盏摆放在层层木架

［图10］拜灯仙

上，拼出弥勒佛、天官、真武大帝三位仙人的图像和吉祥字样。夜幕降临后，村民们便会点灯祭拜，祈求各路神仙赐福保平安。为了增加节日气氛，村民们还在灯仙楼附近的十字街口竖起灯仙牌位，并将火神供奉于牌位上。以灯官为首的一行人完成拜祭后，村民们和观光者可以自由拜祭，并将灯仙请回家中，供于灶王爷神位前。

（二）逗火龙

逗火龙（图11）是白后堡村的又一项传统民俗文化活动。这里的“火龙”由村里的老艺人们纯手工制作，一条完整的龙长12米左右。艺人们用竹条、柳木扎成龙的头、身、尾，形成基本轮廓，再用传统的粗布和白麻纸进行裱糊，用白麻绳制作龙须，用硬纸片制作龙爪，并分别附在龙身上。制作好龙的形状后，艺人们用颜料在龙的外部描绘图案，最后将蜡烛固定在龙身内部的多个位置。

每年农历正月十四至十六是白后堡村逗火龙的日子。正月十五晚上，艺人们会举着“火龙”登上南堡门楼进行表演。从下向上看去，犹如一条真龙在空中飞舞，特别壮观。正月十六晚上，艺人们则会举着“火龙”来到村南的池沿，表演“龙饮水”，寓意龙壮全村旺。

白后堡村的艺人们不仅在本村表演逗火龙，还到邻村去展示这一技艺。他们在传播乡土文化的同时，也书写着浓浓的乡情。

［图11］ 逗火龙

张家口市蔚县暖泉镇北官堡村

一、村落概况

（一）基本情况

北官堡村（图1）位于暖泉镇东北部，占地面积为436公顷。中国历史文化名镇暖泉镇区西古堡、北官堡、中小堡组成，其中北官堡是“三堡”中规模最大的一个，也是建成年代最早的一个。2012

年12月，北官堡村被列入第一批中国传统村落名录；2015年8月，北官堡村被国家旅游局授予“中国乡村旅游模范村”。

（二）村落沿革

历史上先有卢家小堡，后有北官堡。卢家小堡位于北官堡西北部，始建于元代，明代时人口增多，人们的居住范围扩大，又因防御需要，人们在卢家小堡的基础上进行了扩建，形成了如今的北官

[图1] 北官堡村

堡。扩建后的北官堡主要用于驻军屯兵。扩建完成后，卢家小堡与北官堡形成了蔚州古堡的一大特色——“堡套堡”结构。这种结构的古堡，就是最初建造的古堡随着人口的增多，居住空间逐渐不足，人们便在原堡之外又建造了一个更大的古堡，从而形成了如今的“堡套堡”格局。

二、选址格局

北官堡位于太行山、燕山、恒山三山交汇处，村子附近就是壶流河水库。堡墙为黄土夯筑，堡的南面建有高大的歇山式南堡门。

三、物质文化遗产

（一）古村落街巷风貌

古堡内的街道呈“主”字形结构（图2）。高大的南堡门是“主”字的一点，由南堡门向北，有一条笔直的主街，两侧民居呈鱼骨状分布，越往北走地势越陡。

（二）传统民居

北官堡的传统民居（图3）在构成元素上基本一致，每进院落通常由正房、厢房和倒座房组成，建筑均采用砖木结构。正房大多朝南，以三间居多，亦有五间的。正房的等级最高，一般采用卷棚硬山顶，屋顶梁架结构以“四檩三挂”最为常见。倒座房与厢房一般采用屋面向院内倾斜的单坡硬山顶，在形制上低于正房。由于坎宅东面被认为是吉向，因此东厢房会比西厢房略高一些。

［图2］ 村落街巷

1. 刘家大院

刘家大院（图4）位于堡内西北部，是一座两进院，二进院有五间正房。第一进院正房的中间为过厅，可以通往第二进院。所有正房屋顶是典型的卷棚筒瓦顶，屋檐处装饰有插榧，这种房屋结构具有冬暖夏凉的特点。在古代“榧”字也寓意家里人旺、财旺。

2. 地下古堡

北官堡另一特色是保存完好的地下古堡（图5），位于北官堡西北部的卢家小堡下方。地下古堡内设有起居室、会议室、仓储区

[图3] 传统民居

［图4］刘家大院

［图5］地下古堡

域等，生活设施一应俱全，历经数百年依然保存完好。古堡内部的各户都隐蔽地建有多层地道，分为上、中、下三层，内有多条蜿蜒曲折的通道，可用于运输粮食、水等生活必需品。每家每户之间的地道都相连，具有极强防御性。

（三）公共建筑

北官堡是宗教文化交融之地，目前存有三清阁、魁星阁、观音殿、五道庙等宗教建筑，宗教文化氛围浓厚。

1. 三清阁

三清阁（图6）建于明代，位于卢家小堡堡门上，堡门下方为砖券门洞。三清阁面阔三间，屋顶为硬山筒瓦顶，建筑正面朝向堡内。该阁造型古朴典雅，内部供奉有道教三清圣像，分别是元始天尊、灵宝天尊和道德天尊。阁内东西两壁绘有道教故事壁画，这些壁画生动展示了道教的起源与发展，深刻体现了道家的哲学观、养生观和道德观，具有极高的艺术价值，堪称我国现存宗教建筑装饰艺术的典范之作。

2. 魁星阁

魁星阁（图7）建于明代，位于南堡门之上，阁内供奉着魁星。站在堡门前，便能望见阁檐下挂着的“大魁天下”的金字牌匾。魁星阁平面为方形，面宽4.2米，进深4.1米，其外还有一圈檐廊。魁星阁为三开间、单檐歇山顶。阁内供奉的魁星手拿一支朱笔，指向堡内，寓意“魁星点斗、金榜题名”。

3. 观音殿

观音殿（图8）建于明代，位于南堡门外，面朝堡门及堡内主街。殿内有一尊坐南朝北的观音菩萨像。

[图6] 三清阁

[图7] 魁星阁

[图8] 观音殿

［图9］五道庙

4. 五道庙

五道庙（图9）位于堡内东北方，屋顶为硬山筒瓦顶，檐下绘有彩绘。庙内供奉着五道神，寓意保佑一方安宁。

（四）历史环境

1. 古堡门

北官堡是一座典型的独门堡，只有一个南堡门（图10）。南堡门始建于明代初期，采用砖石砌筑，堡门上方建有保存较好的歇山式堡门楼。堡门外面的墙上有大片铁锈，那是几百年来打树花留下的印记。堡门内侧的石匾上雕刻着“人文蔚起”四个大字，寓意着北官堡历史悠久，名人辈出。

2. 堡墙

北官堡的堡墙（图11）由黄土夯筑而成，虽经岁月侵蚀，目前仅留残垣断壁，但从夯土结构的遗迹中，仍可窥见其昔日的军事防御智慧。

[图10] 古堡门

[图11] 堡墙

四、非物质文化遗产

被称为“天下奇绝”的“打树花”（图12）这一社火民俗活动起源于北官堡。

“打树花”的过程如下：夜幕降临后，活动开始前需先祭炉神。祭炉神仪式结束后，开炉放铁水。在礼炮声中，两名壮汉抬着一桶通红的铁水走到表演场地。早已全副武装的洒铁水“掌勺”艺人，头戴草帽，反穿羊皮袄，脚裹遮火布帘。他们轮番从桶内取出一只湿柳木勺，迅速舀起约1600℃的高温铁水，用力朝高高的墙壁泼去。一勺接一勺的铁水像一条金色的火舌奔腾而出，碰到坚硬冰冷的墙砖，立即炸裂四溅，形成树冠状的火花。每位“掌勺”艺人用的力气和手法不同，打出的“树花”也各具形态。整个表演持续半个多小时，表演结束后，“掌勺”艺人的身上常常会出现许多大小不一的烫洞。据说，这些艺人在学习“掌勺”之初，经常会被烫伤。因此，“打树花”也被称为“勇敢者的游戏”。

“打树花”经过一代又一代北官堡人的传承与创新，如今已成为当地一项重要的祈福民俗活动。每年元宵节，村民自愿捐献废旧生铁和煤炭，通过“打树花”欢庆节日，庆贺丰收并祈求来年风调雨顺。

“打树花”这一民俗活动于2007年被列为河北省第二批非物质文化遗产，2021年入选国家级非物质文化遗产代表性项目。

［图 12］打树花

张家口市蔚县暖泉镇西古堡村

一、村落概况

（一）基本情况

西古堡村（图1）俗称“寨堡”，与北官堡、中小堡共同组成

暖泉古镇。西古堡村地处丘陵地带，属黄土地貌。目前整个村落南北长690米，东西宽710米，占地面积48.99公顷。

截至2021年底，西古堡村户籍人口959人，常住人口272人，村民人均年收入为7500元。村内主要居住民族为汉族，主要种植农作物有玉米、谷子等。西古堡村2012年入选为第一批中国传统村落名录，2014年获评“中国最美休闲乡村”，2019年成为首批全国乡村

［图 1］ 西古堡村

旅游重点村。

（二）村落沿革

西古堡村始建于明嘉靖年间，最初是为了防御北方游牧民族的侵袭而建。西古堡村是蔚县八百庄堡中唯一拥有双瓮城的村落。古堡初建时，仅设有一座南门。明末清初时，古堡进行了扩建。清顺治年间，北门建成，并在南、北门处分别建了一座瓮城。从整个古堡的构造来看，其具有相当强的军事防御能力，是古蔚州八百城堡中比较独特的一例。如今，西古堡村已形成“古城堡、古寺庙、古戏楼、古民居”四大文化景观，被誉为“河北民俗文化第一村”。

二、选址格局

西古堡村位于壶流河西部的恒山脚下。受壶流河水的滋润，这里土壤肥沃，农业发达。

三、物质文化遗产

（一）古村落街巷风貌

西古堡村的南、北两座瓮城内城门相对而立，一条主街（图2）贯穿其间，东西方向各有三条小街，沿堡墙内侧还有一周“更道”，东南角有一口管井，这些元素共同构成了西古堡村独特的“国”字形布局。一条由青石铺成的南北主大街长227米，明清时期建成并保存完好的古民居分布在街的两侧。堡内最短的巷子仅有6米，最宽的街道有8.4米，而最窄的巷子仅有1.5米。西古堡村复杂的巷道布局在一定程度上起到了迷惑和震慑敌兵的作用。一旦

[图2] 南北大街

敌人进攻城里，守军也可以通过开展巷战来保存实力，等待援兵。这种巧妙的布局具有很强的防御功能。

西古堡村内的一圈“更道”不仅可以避免堡墙坍塌或滑坡对房屋造成损坏，更重要的是，当敌人进攻时，墙根下有足够的空间供守卫人员调动和运输物资。

（二）传统民居

西古堡村现存明清古民居一百八十余处，其中较大的连环套院有六处，规整的四合院有五十处，具有观赏和研究价值的古民房有二百四十六间，如东楼房院、苍竹轩、知县故居、张帮奇故居、九连环套院等。其中，董汝翠家族的宅院（如东楼房院、苍竹轩等）占据了村内一百八十余处传统民居的多数。所有民居均为砖木结构，基础采用青条基石，墙体为青砖砌成，屋顶铺设筒瓦并安置脊兽，装饰细节包括木制格窗和木雕彩绘。虽经多年风雨侵蚀，但其斑驳的墙壁、美丽精致的砖雕木刻、古朴典雅的油饰彩绘仍能展现出当年的风采。

1. 东楼房院

东楼房院（图3）是北方一带富商董汝翠的住宅，位于东巷内，建于明末清初，是暖泉镇现存规模最大的一处院落。其面积达

［图3］东楼房院

2000平方米，为四进院落，由南至北的院落进深逐步扩大，分别是10.5米、17.5米、19.5米和26.5米。中轴线深长，体现了传统建筑以北为尊和注重等级的观念。屋顶采用卷棚顶，房檐为圆椽加椳结构。气派的大门楼配有精美的木雕，上面雕刻着琴棋书画、柿子、如意和“暗八仙”图案，栩栩如生，寓意深刻。

第一进院是董家的车房院，院里东厢房下边的石基上有两条小斜沟，这是马车出入时留下的痕迹。第二进院住的是董家的仆人，二门遗存有地基和抱鼓石（图4），抱鼓石上面雕刻着狮子滚绣球。通过角门或过厅可进入第三进院，此院住的是董家的管家，建筑规格偏高，但屋檐整体都不插椳，因为所有钱财都会存放在此院，担心财宝不翼而飞。进入第四进院，给人一种开阔明亮、宽敞舒适的感觉，这里就是当年董汝翠的居所。正房为五开间，双层

［图4］抱鼓石

楼，高大宏伟，颇为壮观。后因房子年久失修，20世纪80年代二楼损坏严重并倒塌，现仅保留一层。

2. 苍竹轩

苍竹轩（图5）位于东巷内，与东楼房院一巷之隔，是董汝翠为自己的岳父、岳母建造的住所。它建于明末清初，面积达800平方米，采用砖木结构。这是一座典型的北方四合院建筑，比东楼房院更为精细和讲究，体现了董汝翠的孝心。

苍竹轩的里里外外，各处房檐、屋角，甚至细微之处都安置了砖、木雕（图6）饰物。院内前院北房三间，过厅设计有硕大的榫头，配以两只看似象，实则为貔貅的动物。东房（图7）为小三间，隔扇上装饰着精美木雕。前院南面不足一米宽的地方建有一小廊，逢年过节时可在此吹拉弹唱。当时听戏是最大的消遣娱乐方式，通常节日喜庆时，在堡内戏楼才演出大戏。董汝翠为了方

[图5] 苍竹轩

[图6] 木雕

[图7] 东房

便岳父日常听戏，就在自家建了一个听戏的地方（图8）。前院东北角设一小拱门，可进入后院。拱门上镌有“苍竹轩”三个大字的砖雕（图9）。后院（图10）整个院落小巧精致，布局合理，用材考究，做工精细，既充分体现了董汝翠的孝心，又有很高的观赏和研究价值。

[图8] 小戏台

[图9] “苍竹轩”砖雕

[图10] 后院

3. 九连环院

九连环院（图11）始建于明嘉靖年间，由九个相连的院子组成。大院不但院院相通、尾尾相连，而且有七个可通街巷的大门。九连环院分内宅院、接待院、客房院、长工院、家畜院、库房院、磨房院等。如今，这里既是暖泉镇的影视文化和古堡民俗展示区，也是本村村民的文化活动中心。

4. 知县故居

知县故居（图12）位于西巷内，建于明末清初。该院落为六连环套院，采用砖木结构，砖雕木刻十分精美。因为这座院落是董汝翠的孙子董釪在任山东省莱芜县知县时，在西古堡西南地建造的，所以后人称其为知县故居。

5. 郭家大院

郭家大院（图13）位于东巷内，建于明末清初。该院落为二进院落，总面积约1000平方米。大院东边有一小角院，曾是郭家两个女儿的居所。大院的房屋建筑采用砖木结构，木材粗大结实，柱子多为原木，少有精细雕刻，体现了典型的明代建筑风格。如今，这里已成为暖泉农耕历史文化展览馆。

6. 董家义学

董家义学（图14）位于西巷，始建于清初。该院落为300平方

[图11] 九连环院

[图12] 知县故居

[图13] 郭家大院

[图14] 董家义学

米的二进院落，是董家为贫苦人家孩子提供上学机会的地方。房屋采用砖木结构，房檐均插有木椢，寓意孩子们都能学有所成、飞黄腾达。

（三）公共建筑

从清代开始，蔚县地区“二百余年风鹤无警，驿马不惊”，社会环境长期安定。原本作为防御工事的瓮城，也逐渐失去了其军事功能，慢慢变成了庙宇的集中地。西古堡南瓮城（图15）内分布着

［图15］南瓮城

地藏殿、鬼王殿、阎君殿、三义庙、马王殿、观音殿等，此外还有一座戏台、一座钟楼、一座鼓楼以及数间僧寮。

南瓮城的内部建筑分为上下两部分，下层大部分采用砖券仿木结构，上层则多为砖木结构。在南瓮城中，观音殿位于堡门上方，坐南朝北，面向城内，屋顶为硬山筒瓦顶，面阔三间，前出抱厦，抱厦两侧分别为钟楼和鼓楼。观音殿的西侧是地藏寺，东侧是三义庙。瓮城西部的地藏寺包括地藏殿、阎君殿、鬼王殿等建筑，这些建筑依堡墙而建，自成一座两层的四合院。

南瓮城观音殿的东边是三义庙和马王殿。这些建筑北靠堡墙，与西侧的观音殿和东侧的三间僧寮共同围成一个三合院。院内方砖铺地，院南为砖砌花墙。三合院的下层是一个小院落，设有砖砌围墙，正南方向辟有一座砖雕门楼。门楼的上部采用砖仿木出檐工艺，装饰有精美的五彩斗拱。

1. 地藏寺

地藏寺（图16）俗称阎王殿，又名显圣庵。寺庙始建于清朝顺治年间，占地面积约2000平方米，建筑面积约1000平方米。地藏寺为上下两层天井式建筑，采用砖木结构，保存状况良好。其外观有精美的砖雕（图17）椽飞。上层建有地藏殿、阎君殿、鬼王殿、钟楼和鼓楼等。所有建筑布局严谨巧妙，错落有致，砖雕木刻工艺精湛，塑像壁画栩栩如生。

2. 双耳戏楼

双耳戏楼（图18）正对南瓮城城楼上的观音庙，建于清初。戏楼面宽13米，进深8.5米，采用砖木结构，保存状况良好。因其三开间戏楼两侧各有耳房与之相连，故得名“双耳戏楼”。这种设计不仅造型美观大方，还在有限的空间内增加了戏楼的使用面积。唱戏时，锣鼓丝弦可分别在两旁伴奏，同时，“双耳”还具有扩音作用，充分体现了设计者的匠心独运。

[图16] 地藏寺

[图17] 砖雕门头

[图18] 双耳戏楼

3. 仓库

仓库（图19）在清代用于储藏粮食。其门楼形式独特，砖券门洞两侧各有紧贴外墙的方柱一个，门楼立面顶部呈三角形，有弧形线脚装饰。

4. 钟楼和鼓楼

钟楼（图20）和鼓楼一般成对而设，采用木构瓦顶。

[图19] 仓库

[图20] 钟楼

[图21] 三义庙

5. 三义庙

三义庙（图21）位于南瓮城观音殿东侧，坐北朝南，为硬山筒瓦顶，面阔三间，进深两间。

（四）历史环境

1. 堡门

西古堡村有南、北两座堡门（图22、图23），均为砖券结构，门洞厚重宏伟。除了作为军事设施外，堡门上部还建有庙宇。南北堡门均朝东开，寓意“东方为首”。

2. 堡墙

西古堡的堡墙（图24）整体布局呈方形，边长约230米，用黄

[图22] 南堡门

[图23] 北堡门

[图24] 堡墙

土夯筑。墙外设有突出的土筑马面，马面高约8米。

四、非物质文化遗产

西古堡的非物质文化遗产丰富多样。其中，木雕工艺入选为选省级非物质文化遗产，剪纸则入选为国家级非物质文化遗产。此外，西古堡的民俗文化生活也丰富多彩，其中“牛虎斗”是蔚县独有的民间舞蹈。

剪纸（图25）的历史可以追溯到明成化年间。当时的剪纸作品都为单色，且不镂空，主要用于制作绣鞋的花样、婚丧仪式中的吉祥物以及年节窗户的装饰。后来，剪纸艺人借鉴年画和皮影的色彩，创作出彩色剪纸，并发明了透光性较好的“天皮亮”。清咸丰

[图25] 剪纸

年间，武强木版水印窗花传入蔚县，这种窗花被称为“草窗花”。剪纸艺人尝试用刀子在其上增加镂空效果，开创了蔚县彩色镂空剪纸的先河。蔚县剪纸的内容丰富多样，包括花鸟虫鱼、戏曲人物、戏曲脸谱等。花鸟虫鱼剪纸充满田园风味，常将有特别代表意义的动植物组合，表达祈福纳祥之意；戏曲人物剪纸涵盖几百个剧目、上千个人物，形态各异；戏曲脸谱剪纸以传统戏曲中的脸谱为蓝本，通过特定的图案和色彩来塑造角色的性格。剪纸技艺以阴刻为主，阳刻为辅，风格上实多于虚、黑大于白、面强于线。

张家口市蔚县涌泉庄乡北方城村

一、村落概况

（一）基本情况

北方城村（图1）位于蔚县县城西北方向约8公里处。该村正西

为沟壑，其余三面均为耕地。北方城村自古以来便是重要的交通节点，村南的一条古道是明清时期蔚县县城通往西北五岔关口的必经之路，属于“燕云古道”之一。截至2021年底，全村户籍人口900人，常住人口224人。2008年，北方城村被评为第四批中国历史文化名村；2012年，北方城村被列入第一批中国传统村落名录。

［图1］ 北方城村

（二）村落沿革

据传，该村的村民最初由村东北的一个小堡迁徙而来，现村东北100米处尚存小堡城一座。小堡呈方形，坐北朝南，每条边长约30米，墙体是用黄土夯筑而成，目前马面尚存。堡内居住着白姓、赵姓和邓姓人家，他们的祖先均是在明洪武年间从山西洪洞县迁来此处的，后经休养生息，人丁繁衍，小堡已不适合居住，遂于旧堡西南另辟新城一座，取名“北方城”。据村内现存石碑记载，该城始建于明万历四年（1576年），后经清代重修、增建、扩建，最终形成今日的规模。

二、选址格局

北方城村古城池格局保存完整，城池平面呈方形，每条边长约200米。其四周的墙体都是用黄土夯筑的，墙高约6米，底部宽度约为4米，顶部宽度约为1.5米，墙体的收分现象较为明显。每面墙垣向外凸出两座用土夯筑的马面，城墙的四角分别设有高大的角台。每面墙共有两个角楼，南墙的两个角楼坐北朝南，北墙的两个角楼坐南朝北。这些角楼的建筑形式为硬山式，面宽和进深均为1间。角楼供平时打更报时、瞭望敌情之用，兼具防守作用。北方城是蔚县众多古堡中保存较为完整、形制独特的一个范例。

三、物质文化遗产

该村现存的古建筑群体，包括民宅、戏楼、庙宇、碾坊和堡门等，涵盖了明清时期及民国年间的建筑风格。这些古建筑不仅数量众多、种类丰富，而且形制独特、格局完整，至今保存良好。

（一）古村落街巷风貌

堡内有一街六巷，主街（图2）为南北纵轴线，其东西两侧各有三条巷子，构成了“丰”字形布局。堡内的主要寺庙建筑沿纵轴线分布在南低北高的街道上。南堡门外正对着一座倒座戏楼，这是北方城村最南端的建筑，与南堡门隔街相对。戏楼东侧是龙王庙。南堡门东为观音殿，西为地藏殿。入古城向北行至第二条街巷处，主街东、西各有一座建筑，东列财神庙，西配马王庙。继续沿街向北走约50米，行至第三条街巷处，街正中建有一座佛殿。佛殿向北约30米处的北城垣上，建有一座真武庙，这是古堡北部的制高点。站在真武庙上，全村的景致尽收眼底。

（二）传统民居

北方城村的街道基本上保持了明代规划的“丰”字形布局，古街道周围分布着明清时期的传统民居（图3）。堡内现存三十三处

［图2］主街

[图3] 传统民居

[图4] 邓家大院

传统民居，这些建筑多为两进院或一进院的四合院，青砖灰瓦，方正齐整。其中，白、赵、邓三家的古民居保存最为完好，也最为宏阔，其砖雕、木雕、石雕等装饰十分精美。

邓家大院（图4）为村内典型的传统民居，其房屋为砖墙瓦顶，院子用青砖铺地，保存较好。正房有四间，最为高大，屋顶为卷棚筒瓦顶。东西厢房各有四间，屋顶为单坡筒瓦顶。木制门窗古朴典雅，正房明间隔扇上还饰有精美的木雕。

（三）公共建筑

1. 南堡门

南堡门（图5）是村子唯一的出入口，采用砖石拱券结构。高大的堡门上方镶嵌着一扇形石匾，上浮雕楷书“北方城”三字，字体典雅大方。两扇木质堡门，历经几百年风雨，依旧保持着原貌。

2. 戏楼

戏楼（图6）位于城堡外正南，与堡门楼正对，坐南朝北。它采用六檩卷棚布瓦顶，面阔三间，进深两间，檐下施以彩绘。以金柱及木制隔扇分隔前后台，两侧设“出将”“入相”二门。后台东墙开有一砖券门，供演员出入用，门上题有三个楷字“清净室”。前台山墙上绘有水墨戏画，并墨书题记“临潼斗宝”“伍子胥举鼎”等。每年的农历六月十三，这里会唱龙王爷的生日戏；六月二十，唱河神的生日戏，祈求风调雨顺，盼望五谷丰登。如今，这座戏楼依然在使用，逢年过节，村里都会请来剧团在此唱大戏，剧种多为晋剧、河北梆子，有时也会演二人台。

3. 地藏殿与观音殿

村内南堡门东、西两侧各建有一座小庙，西为地藏殿（图7），东为观音殿，屋顶均为小式硬山筒瓦顶，正脊两端有脊兽，檐下施

[图5] 南堡门

［图 6］ 戏楼

［图 7］ 地藏殿

彩绘。地藏殿内绘有地藏王菩萨及十殿阎君壁画。

4. 龙王庙

戏楼东侧是一座龙王庙（图8）。该庙坐北朝南，采用硬山筒瓦顶，屋顶正脊两端装饰有盘龙大吻。正殿面阔三间，进深两间，梁架采用正五架梁结构，梁架上有油饰彩绘，前檐额枋绘有青绿苏式彩绘。大殿东西山墙上保存有古代壁画，虽历经多年，仍古朴典雅。

5. 真武庙

真武庙（图9）为村内的主要建筑之一，坐落在北城垣上，由前、中、后三进院落组成，整体雄伟壮观。前院由砖雕小门和东西厢房组成。沿中轴线的石砌台阶而上，进入第二进院落，这里由二门楼和正禅房等建筑组成。再拾级而上，便是最后一进院落，院落周围设有花栏墙。院落正中为真武大殿，面阔三间，采用三架梁前

[图8] 龙王庙

［图 9］ 真武庙

出廊的厅堂式结构，屋顶为硬山筒瓦顶，正脊两端有脊兽，正脊中间有戟形装饰。殿内东、西山墙上绘有壁画，大殿南侧两端则是一对悬山顶钟鼓楼。2008年，北方城真武庙入选河北省第五批文物保护单位。

6. 财神庙与马王庙

村内南北大街上，距离真武庙南100米处，大街东、西两侧分别建有财神庙（图10）和马王庙（图11）。两座庙宇均为硬山筒瓦顶，面阔一间，进深一间，屋顶正脊两端装饰有卷尾鸱吻。此外，

[图10] 财神庙

[图11] 马王庙

前檐墙上还设有两个“一码三箭”的窗棂。

7. 三觉圆

三觉圆（图12）建在村子的南北中轴线上，是一座佛殿。其名取自觉、觉他、觉行圆满之意。三觉圆坐北朝南，正面看为三开间，实为一开间。屋顶为硬山筒瓦顶，正脊两端有吻兽，檐下施彩绘，前廊柱下为鼓形柱础。三觉圆的背面砌有45度角方砖影壁，影壁上方有一个方形神龛，正对村子北端的真武庙。

［图 12］ 三觉圆

四、非物质文化遗产

北方城村的民间社火活动丰富多彩，尤以跑旱船最为地道，已有300多年历史。蔚县跑旱船于2012年被列为张家口市市级非物质文化遗产。每年腊月，村民们便开始准备跑旱船表演，表演时锣鼓相伴，热闹非凡。

过去，每年农历三月三日的真武庙会十分热闹。人们纷纷前往真武庙祈福、祭祀，周边地区的人也会赶来参加。庙会上有各种传统民俗表演和小吃摊，充满了浓郁的地方特色。

张家口市蔚县宋家庄镇宋家庄村

一、村落概况

（一）基本情况

宋家庄村（图1）位于蔚县南部，东临南杨庄乡，南与保定的涞源县接壤，西与下宫村乡毗邻，北距蔚县县城约3000米。村子现

有人口660户，1791人。主导产业以农业种植为主，主要种植谷黍、玉米、烟叶等。2016年11月，宋家庄被列入第四批中国传统村落名录。2019年1月，宋家庄被列为第七批中国历史文化名村。

（二）村落沿革

早在新石器时代，宋家庄一带便有人类栖居的痕迹。北魏时期

［图1］ 宋家庄村

建村立寨，隋唐以后逐渐成为十里一堡、五里一庄的繁华之地。宋家庄古堡始建于明洪武初年，最初由宋姓大户创建。后来，宋姓逐渐衰败，韩姓成为统领大户。在明朝弘治、正德年间，苏姓和邹姓也陆续迁入此地。尽管村中统领姓氏一直在变，但村名仍沿用“宋家庄”。古堡因南门上方刻有“昌明”字样的石匾，也被称为“昌明堡”。

二、选址格局

宋家庄紧邻飞狐陉。飞狐陉是著名的“太行八陉”之一，历史上一直是南北通商的重要通道，也是兵家必争之地。因靠近飞狐陉，宋家庄的村民为抵御异族侵扰和掠夺，筑城建堡，修筑了宋家庄堡。

宋家庄古堡整体布局规整，南北长212米，东西宽166米，坐北朝南，堡墙采用黄土夯筑而成。堡内街道布局独特，由三横一竖的街道和正北的真武庙组成“主”字形结构。堡门外正南方向，与堡门洞相对应的位置建有观音庙。从堡门走出后，绕观音庙岔开左右两条大街，呈“人”字形延伸出村。整体布局呈现出“主人”二字的形状。

三、物质文化遗产

（一）传统民居

在宋家庄堡内，现存明清时期的古民宅三十多所，均为四合院或连环院，且大部分保存完好（图2）。这些古民宅多为砖木结构，采用青条石做基石，以青砖灰瓦构建房身，砖缝间用白灰精心勾勒，屋顶起脊安吻置兽。门窗为木制小窗，隔扇和门楣上雕有花鸟鱼虫及琴棋书画图案。街门楼内的影壁、房屋后檐及左右临街外

[图2] 传统民居

檐均有砖雕，图案包括飞禽走兽和瓜果花卉。

1. 韩家镖局

韩家镖局（图3）位于堡内东南方的东前街东端。韩家镖局创建于清道光初年，由韩瑛创立。1822年，韩瑛参加武科乡试并中武举。当时，蔚州是重要的通商要道，商队常遭盗匪抢劫。同年，韩瑛在宋家庄开设镖局，为商人保驾护航。

韩家镖局原来是一座三进院落，如今仅剩两进院落。外院宽敞

[图3] 韩家镖局

开阔，是当年接收镖货的地方。外院的西厢房用作客房；东面没有房屋，而是通往后院的通道，通道旁设有马厩；南房是骡马棚；正房为面阔三间的客厅，是接镖和洽谈业务的场所。从客厅后门可以进入内院，那里是家中佣人和账房先生的起居之地。第三进院原本是主人的起居室，但如今已经遭到破坏。

2. 韩家大院

堡内韩家大院（图4）较多，其中最为突出的是位于主街北端的西宅院221号。其大门为青龙门，三檩硬山顶，门口配有两

[图 4] 韩家大院

块长方形上马石。入大门，分东西两院。东院正房五间，屋顶为卷棚顶，柱础呈鼓形，屋架为五檩四挂结构，设有四扇六抹回字锦窗。西侧为二进院，其中前院的过庭有三间，屋顶为卷棚布瓦顶。过庭东墙与大门相对，外侧嵌有一座砖雕照壁，照壁起脊饰兽。后院的正房为五间，屋顶采用五檩卷棚式结构。正房明间设有二扇六抹灯笼锦隔窗，帘架装饰为万字锦。明间暖阁内，雕木屏上刻有“积善堂”三字。

3. 邹家大院

邹家大院（图5）的院落原为前后二进，现仅存一进院落，过

[图5] 邹家大院

庭已拆除。大门为三檩硬山式，位于宅院东南角，门洞以青石条铺砌，大门处设有木板门二扇。门外存须弥淬石上马石一块，雕兽头及莲瓣。邹家大院东墙临街。村内建戏楼时占去邹家的一块土地，作为补偿，村内允许邹家在下房南墙上开一扇窗户，作为唱戏时的看台。

（二）公共建筑

1. 南堡门

南堡门（图6）高大坚固，由砖石相砌而成，坐北朝南，平面呈方形。门洞为拱券结构，券门高3.2米，券门上方镶嵌有青石匾。堡门内，东侧砌有坡道式台基，台基顶部砌有女儿墙，人们可由此走到堡门楼。堡门楼上建有魁星楼，魁星楼为单檐硬山布瓦顶，三架梁前后各出单步廊。

2. 戏楼

蔚县现存的戏楼大多分布在城堡的南门外，面朝北正对城门，而宋家庄穿心戏楼（图7）却与众不同，位于宋家庄堡内。这座造型独特的穿心戏楼，也被称为过路戏楼、过街戏楼。戏楼坐南朝北，面宽三间，进深三间。宋家庄穿心戏楼的建造匠心独运，充分利用了村堡内有限的空间，将戏楼建在门内通街的大道上。其结构为卷棚、硬山勾连搭式，硬山部分作为后台，卷棚部分作为前台。戏楼的前四架梁和后三架梁设计巧妙。戏楼台基中间为宽2.2米的空心通道，平时通道供车行、人走，唱戏时，木板盖于通道上，前后放置木闸板，即可封闭。木板上即为大戏台，而戏楼前的主街道则变成了看戏的剧场。戏楼东侧仅留出一条人行道，可供人们穿越。

3. 苏家祠堂

苏家祠堂（图8）位于村堡北端真武庙西侧，坐北朝南。现存

[图6] 南堡门

［图 7］ 戏楼

[图8] 苏家祠堂

建筑包括正祠堂三间。祠堂的东、西、北三面墙壁上绘有明清时期苏氏家族及其先祖的牌位，共计十五代，体现了苏家对先祖的敬重以及对家族文化传承的重视。

4. 真武庙

真武庙（图9）位于堡内南北主街的北端高处，与堡内的街道布局相呼应，构成 “主” 字的一点。真武庙毁于抗日战争期间。

[图9] 真武庙

如今，真武庙已复建，主殿采用砖木结构，硬山布瓦顶，主殿前分列钟楼和鼓楼。

5. 观音庙、关帝庙

宋家庄堡门之外有一组庙宇，正对堡门的是观音庙（图10），为一进院落。院门对着堡门而开，正殿坐南朝北。观音庙之南为关帝庙（图11），三开间，正殿坐北朝南，与观音庙形成“背靠背”

[图 10] 观音庙

[图 11] 关帝庙

的关系。

四、非物质文化遗产

宋家庄村的民俗文化丰富多彩，除了广为流传的山西梆子和蔚县秧歌，还有灯影戏、焰火礼花活马、旱船、独杆轿、狮子舞、牛斗虎、拐子队等二十多种民间社火表演。无论节日庆典，还是婚丧嫁娶，都会有规模不一的表演活动。这些活动以民间自发的形式展现着当地的民间风俗。

宋家庄村的民间手工艺同样独具特色，不仅有技艺精湛的民间剪纸和彩绘艺人，还有技艺高超的砖、木、瓦、石匠等。其中，皮毛匠和擀毡匠的数量最多。他们勤劳肯干，凭借自己的聪明才智和精湛技艺，为社会创造财富，传承着古老的民间文化。

张家口市蔚县宋家庄镇上苏庄村

一、村落概况

（一）基本情况

上苏庄村（图1）坐落于蔚县南部的南山脚下，距蔚县县城约

10千米，是蔚县历史上有名的八百庄堡之一。2007年5月，上苏庄被河北省人民政府公布为首批省级历史文化名村。2008年，上苏庄的拜灯山民俗社火被列入国家级非物质文化遗产保护名录。2012年，上苏庄入选第一批中国传统村落名录。2014年，上苏庄被列入第六批中国历史文化名村。

[图1] 上苏庄村

（二）村落沿革

上苏庄的历史可以追溯到新石器时代，那时这片土地上就已经有人类活动的踪迹了。到了北魏时期，这里已成为一个人丁兴旺、生活富庶的村落。当时村址位于村西的西洼之处，名为“底村”。然而，由于村落地势低洼，常遇山洪，加上时常遭受匪患的侵扰，先民们在明嘉靖二十二年（1543年）于村东高处建起了新的庄堡，并取名为“上苏庄”。“上”与原来的“底”相对，寓意着向上发展；“苏”则取万物复苏之意，表达了村民对新生活的美好憧憬。这个村名一直沿用至今。

二、选址格局

上苏庄东南倚恒山余脉，西临南北走向的大沙河，东北地处莲花山水峪口，地形东高西低。俯视上苏庄，其形状恰似打击乐器镛锣（用木框做架，界成若干方格，方格内挂有小铜锣）。东西、南北交错的街道是镛锣的框架，六十六座四合院如铜锣悬挂其间，暗含“天圆地方”的哲学意蕴。因此，上苏庄古堡也被称为“镛锣堡”。

三、物质文化遗产

（一）古村落街巷风貌

上苏庄古堡内有南北大街（图2）和东西大街（图3）两条主街。南北主街长138米，宽3.6米，其南端为灯山楼，北端为三义庙。东西主街长280米，宽4.8米，街道两侧为民居建筑。两条主街

[图2] 南北大街

的交口处有关帝庙。大概是受“底村”时水患的影响，上苏庄古堡内的地形东高西低，落差很大。条条街巷都用山石铺就，泄洪十分方便。无论是大雨还是小雨，只要雨水一落地，很快就顺势流出堡外。街巷中的水流过一块块山石铺就的台阶式路面时，总会发出“哗啦哗啦”悦耳动听的响声。因此，人们又把上苏庄古堡内的街

[图3]东西大街

道叫作“响堂街”。

（二）传统民居

堡内保存着大量的明清四合院，其中明代四合院有四十四座，清代四合院有二十二座。这些四合院大小不一，各具特色：有的是连环院，有的是里外院；有的素雅无华，有的雕梁画栋

（图4）。其中，赵家大院、张家大院、郭家大院等，布局规整方正，建筑左右对称、主次分明，既有精巧的艺术雕饰（图5），又有质朴的农耕设施。住宅大门的开启方向并无固定模式，而是遵循就近朝街巷开门的原则。

1. 赵峰大院

赵峰大院（图6）位于古堡东头街北，坐北朝南。整个院落建筑

［图4］传统民居

［图5］艺术雕饰

采用砖木土坯结构，建筑构件雕刻精美。正房共五间，为卷棚硬山筒瓦顶。正房两侧各配有一间耳房。东厢房有六间，比较破损；西厢房有六间，破损更为严重，屋顶现已修葺。东、西厢房均为硬山顶。大门临街而设，面南而开，大门西侧建有南房两间。院内曾建有仪门，但现已倒塌。整个院落布局规整，青砖铺地，古朴典雅。

2. 张林大院

张林大院（图7）坐北朝南，大门已毁。正房有五间，卷棚

[图6] 赵峰大院

[图7] 张林大院

[图8] 赵翠大院

顶、木结构及墙体保存基本完好。西厢房有三间，单坡顶、土坯墙（背面）及木结构保存基本完好。

3. 赵翠大院

赵翠大院（图8）位于古堡东西大街三义巷东的第一个院落，坐北朝南，是一座典型的四合院。大门设在西南角，临东西大街向南而开。正房有五间，采用卷棚式布瓦顶，保存状况良好。东、西厢房均为单坡硬山一出水结构。院内青砖铺地，整体布局规整方正。

4. 郭建大院

郭建大院（图9）庭院宽敞，由正房、西厢房和南房围合而成。正房规模较大，面阔五间，屋顶为卷棚硬山筒瓦顶。

5. 郭立峰大院

郭立峰大院（图10）为砖木土坯结构，门楼为硬山筒瓦顶，正房屋顶为卷棚筒瓦顶。

［图9］郭建大院

［图10］郭立峰大院

（三）公共建筑

上苏庄的宗教文化丰富多彩，村内既有佛教寺庙，也有道教道观。其中，三义庙、关帝庙、三元宫、释迦寺中的壁画依然栩栩如生。值得一提的是，一般村堡北端多建真武庙，而上苏庄北堡墙上建造的却是三义庙，供奉着刘备、关羽、张飞。这充分体现了村民对“义”的崇尚和追求，也反映出当地独特的文化价值观。

1. 三义庙

三义庙（图11）是上苏庄古堡内的最高建筑，位于北端堡墙之上，坐北朝南，面阔三间。屋顶为硬山筒瓦顶，前后两坡长短不一，长坡朝南，短坡朝北。据庙内碑文记载，三义庙始建于明代，清朝嘉庆年间曾有重修。殿内正面墙壁上绘有刘备、关羽、张飞画像，两侧则绘有《三国演义》的故事。

[图11] 三义庙

2. 灯山楼

灯山楼（图12）是古堡南端的一座明代建筑，与堡墙相连，主要用于拜灯山和祭祀火神。该楼为单坡硬山顶，楼高5米，宽2.5米，进深2米。楼内设有台阶式木架50余层，用来放置灯盏，摆出字形。

3. 关帝庙

关帝庙（图13）是明代建筑，位于古堡中心地段的砖石平台之

[图12] 灯山楼

[图13] 关帝庙

上，平台两侧设有砖砌矮墙。该庙为砖木结构，面阔三间，屋顶为双坡硬山筒瓦顶。屋顶正脊上雕有图案，两端配有脊兽。建筑采用五檩四步结构，并设有前步廊，步廊上的斗拱和雀替保存完整。殿内供奉着关帝画像，东西山墙上彩绘着关羽生平故事。整座庙宇置身于古民宅之中，紧临街巷，逢年过节香火旺盛。

4. 观音殿

观音殿（图14）是明代建筑，位于古堡内西侧，建筑面积逾40平方米。门楼为硬山筒瓦顶，砖砌拱形门洞。门楼前方有不规则的弧形石砌平台。正殿为双坡硬山筒瓦顶，檐下施有彩绘。观音殿面阔一间，进深一间。殿内正中供奉着观音塑像，东西墙壁上彩绘着“红孩儿五十三参”拜佛故事。塑像和彩绘极为精美，栩栩如生。

5. 三元宫

三元宫建造于明末清初，是上苏庄最大的道观，位于堡门外北边，与古戏楼相对，占地面积有600多平方米。三元宫原为二进院落，前院早已拆除，现门楼、前殿、后院、正殿、东西厢房保存完好。正殿（三清殿）面阔三间，进深一间，屋顶为硬山筒瓦顶。正殿两边配有耳房。东西厢房各六间，分别用作道士宿舍、伙房、客

[图14] 观音殿

房等。正殿内供奉着玉清元始天尊、上清灵宝天尊、太清道德天尊。前殿（图15）同样为硬山筒瓦顶，面阔三间，进深两间，殿内供奉着天官、地官和水官。前殿和正殿均飞檐起脊安置吻兽，且斗拱、雀替齐全，砖雕木刻精美。

6. 古戏楼

古戏楼（图16）是上苏庄保存完好的典型古建筑，位于堡门外，坐南朝北，与三元宫相对，属明末清初建筑。古戏楼为卷棚硬山筒瓦顶，面阔三间，进深两间，通高7米，台基高1.5米。木制隔

[图15] 前殿

[图16] 古戏楼

扇将舞台分为前台与后台。戏楼的插枋布瓦十分考究，楼前檐柱头以木雕龙头收边。

7. 五道庙

五道庙（图17）立于砖砌台基之上，面阔一间，屋顶为硬山筒瓦顶，檐下施彩绘。

8. 尚礼学堂

尚礼学堂（图18）坐北朝南，采用砖木结构。门楼为硬山筒瓦顶，檐下施有彩绘，大门上方悬挂着“尚礼学堂”匾额。进入院

[图17] 五道庙

[图18] 尚礼学堂

［图19］磨坊

内，方砖铺地，整洁有序。院内设有正房及东西厢房，屋顶均为卷棚筒瓦顶，木制门窗均涂饰红漆。

9. 磨坊

磨坊（图19）面阔三间，屋顶为硬山筒瓦顶，屋脊上饰有脊兽，屋门设于次间。

（四）历史环境

1. 堡门

堡门（图20）位于古堡北偏西处，坐南面北，采用石基砖券结构，门洞高3.2米。门券上方嵌有一块青石匾额，上刻“永安，上苏庄堡，明嘉靖二十二年（1543年）仲秋吉日建”及堡长、小甲、石匠、泥匠、木匠的名字等字样。堡门两侧用石头和黄土垒砌了一尖一方两个垛子，尖垛子象征毛笔，方垛子象征砚台。这种“东笔西砚”的布局，寓意着上苏庄人对文化的重视和崇尚，寄托着他们对文人辈出的美好期望。

[图20] 堡门

[图21] 堡墙

2. 堡墙

堡墙（图21）为黄土夯筑，底宽4米，上宽0.8米，残高5米，周长约800米。它既可防范兵祸、匪患，又可阻挡风沙、洪水。如今，除了南端墙体有破损外，其余大部分堡墙保存完好。

四、非物质文化遗产

上苏庄有一项极具特色的民俗活动——拜灯山（图22）。作为一种古老的民俗文化，拜灯山活动主要包括点灯山、拜灯山、耍社火、唱大戏等环节。每年的拜灯山活动从正月十二开始筹备，村民们一方面清洁庙堂和街巷，另一方面准备祭祀供品和拜灯山所需的物品。到了正月十四上午，村民们会在灯山楼和三义庙之间的十字街口竖起灯杆，并在堡门口到堡内正街挂起写有吉祥短语的长方形

排灯和五颜六色的过街彩带。下午点灯山时，会有三到五名有文化的村民在灯山楼内的层层木架上，由上向下将数百个灯盏摆出花边儿和文字图案，再把浸过麻油的灯捻儿插入灯盏并注满油。夜幕降临后，人们用蜡烛将摆成图案的灯盏一一点燃，呈现出如“五谷丰登”“天下太平”等寓意美好的灯火字画。拜灯山时，会选一名父母双全的男童扮作“灯官”，坐在由四名青壮年村民扮成“衙役”抬着的独杆轿上。村里戏班的演员粉墨登场，伴在“灯官”左右。队伍从堡门外出发，一路敲锣打鼓，带领村民和观光者进入堡内，到灯山楼前祭拜。

［图22］拜灯山

张家口市阳原县浮图讲乡开阳村

一、村落概况

（一）基本情况

开阳村（图1）位于阳原县浮图讲乡，距离阳原县城约10公

里。村落平面呈正方形，分为前、后两部分：前边是旧堡(称开阳堡)，后边是后建新村。开阳村素有“关内楼兰”之称，是阳原县境内最古老的村庄之一。2006年4月，开阳村被河北省住建厅、省文物局列入河北省第一批历史文化名村。2008年10月20日，开阳村被河北省人民政府公布为第五批省级文物保护单位。2012年，开阳村被列入第一批中国传统村落名录。2014年，开阳

[图1] 开阳城堡

村被列入第六批中国历史文化名村。

（二）村落沿革

据《中国历史地图集》记载，开阳堡即战国时期赵国代郡的安阳邑。《史记·赵世家》中也有赵主父——武灵王封长子章为代郡安阳君的记载。西汉、东汉时期，这里称为东安阳县，其治所即开阳堡。开阳堡是阳原县境内有明确记载的最古老的县城之一。据《察哈尔通志》记载，开阳堡重建于唐代，当时这里作为一县的政治、经济、文化中心，官衙、富户、商贾云集。清同治年间，古堡再次进行重修，仍保留了唐宋时期的建筑风格。然而，古堡由盛转衰则始于清咸丰年间，其衰败的主要原因是古堡周围的大片森林被砍伐，自然生态遭到破坏，沙漠化加剧，最终使曾经辉煌的开阳堡变成了关内“楼兰古城”。

二、选址格局

在建造开阳城堡时，古人的选址和布局融入了周易八卦的理念。整个城堡坐北朝南，南面紧邻一条河。在河与城堡之间有三个土堆，中间的土堆形似龟头，两侧的土堆则像龟的两条前腿。开阳村就建在这片形似龟背的高地上，村落的街道布局宛如龟背的花纹。城堡的城门楼向南延伸出一条长土台，看上去像是龟的脖子。从远处看，整个布局宛如一只巨龟伸颈探头作喝水状。因此，开阳城堡的这种独特布局被称为“灵龟探水”。

三、物质文化遗产

开阳堡从民居聚落到街巷空间，再到建筑单体，都保留了原有的尺度。整体形态顺应地形的高低起伏，呈现出错落有致的变化。除了庙宇采用清一色的青砖灰瓦外，其余建筑的墙体均为土墙。

（一）古村落街巷风貌

堡内的街道（图2）规划一改传统的以南北中轴线为大街的布局，形成了南北、东西各两条较为对称的大街，构成“井”字形结

[图2] 街巷空间

构，将整个古堡划分为九个区域。堡门位于“离宫”方位。除中宫外，其余八宫的街道均按照八卦卦形进行布置，呈现出类似八卦中的阳爻与阴爻。目前，堡的西北角和西南角仍保留着“乾三连”和“坤六断”格局。尽管一些街巷历经多次变迁，但仍能清晰地看出一些八卦卦形的痕迹。这种街巷布局在全国极为罕见。

（二）传统民居

保留至今的开阳民居（图3），其建筑多为典型的黄土高原窑

[图3] 传统民居

洞，包括石窑、土窑、砖窑和土挖窑，也有砖瓦房和土房等类型。村中多处房屋和窑洞都有着200多年历史，且民居中保留了大量精美的砖雕、木雕和石雕。

（三）公共建筑

开阳村的古建筑有弥勒佛殿、真武庙、观音殿、十殿阎罗庙、玉皇阁、关帝庙、戏楼、城隍庙、龙王庙等。

1. 弥勒佛殿

弥勒佛殿（图4）现存于堡门外南面，为砖木结构、硬山双坡顶，面阔三间。

2. 真武庙

真武庙（图5）为村内的主要建筑之一，坐落在北城垣上。它原本由前、中、后三进院落组成，目前仅保留修缮过的正殿一座。正殿为砖木结构，面阔三间，屋顶为硬山筒瓦顶。殿前立有一块石碑。

3. 观音殿

观音殿（图6）供奉的是观世音菩萨。观音殿现存于古堡内，

［图4］ 弥勒佛殿

［图5］真武庙

［图6］观音殿

为砖木结构，面阔三间。

4. 十殿阎罗庙

十殿阎罗庙（图7）现存于古堡内，面阔三间，为砖木结构、硬山筒瓦顶。殿内顶部有彩绘浮雕，墙壁上有彩绘壁画。

5. 玉皇阁

南堡门上的玉皇阁（图8）是开阳堡现存最古老的建筑，也是

［图 7］ 十殿阎罗庙

［图 8］ 玉皇阁

全堡最高的建筑。它面阔三间，采用单檐歇山顶，屋顶饰有五脊六兽、斗拱飞檐。檐角的昂嘴被雕刻成精致的象头，这样的雕饰在古代建筑中较为少见。其斗、拱、昂、枋等构件造型独到、美观坚固，充分体现了建造者的艺术造诣和审美情趣。屋顶覆盖琉璃瓦，显得富丽堂皇。殿内如今已空，周围的壁画也已斑驳不清。据碑文记载，玉皇阁在清同治年间再次进行过修复，但仍保留了唐宋时期的建筑风格。

（四）历史环境

1. 堡门

开阳村的堡门（图9）建于离宫之位，采用石块、石条垒筑而成。拱形门洞虽经千年，依然完好无损。门洞内的铺路石被行人踩得光滑如镜，两条被车轮碾出的车辙默默记载着古城曾经的辉煌。

2. 堡墙

开阳堡的堡墙（图10）东面长218米，南面长286米，西面长

［图9］堡门

[图10] 堡墙

216米，北面长310米，墙基宽5～8米，墙高8～10米。堡墙四周筑有墩台16个，这些墩台是紧贴堡墙外面的方形土台，其作用为加固堡墙。整个堡墙是用白垩土和黄胶土混合夯实而成的，这种材料黏性极强，使墙体结构紧密坚实。尽管历经千年的风吹日晒雨淋，堡墙依然保存着原来的轮廓。

3. 石塔

开阳堡原有两座砖塔和一座石塔。如今，堡西北仅存一座黑石塔（图11），虽然已经倒塌，但其主要构件依然幸存。黑石塔是由

[图11] 石塔

一组民间乐器形状的圆雕组合而成，下面座基和二层为一副大镲，三层为一面大鼓，四层为一面大锣，五层为一口大钟，造型独特，堪称一绝。

四、非物质文化遗产

开阳村民间花会艺术源远流长，涵盖了秧歌、旱船、戏班唱戏等多种形式。每逢正月十五、庙会等重要节点，村中都会举行演出，每种演出都具有独特的艺术风格。

庙戏源于庙会，庙会则源于集市。为庙会助兴而演出的戏，以及因事或因病许愿而演出的戏，统称为庙戏。开阳堡的庙戏种类丰富，多以祭祀神灵、祈求丰收或保佑平安为主题，与村民的生产生活紧密相连。